*Philipp Groda*

*(K)ein Leben lang...*

Die Geschichte unseres Sternenkindes

## *Widmung*

Ich widme dieses Buch allen Eltern, die die schwere Aufgabe mit sich tragen, eines ihrer Kinder überlebt zu haben. Ich habe mal gelesen, dass mit dem Tod des eigenen Kindes die geltenden Lebensgesetze scheinbar außer Kraft gesetzt werden. Das Leben sieht nicht vor, dass Eltern ihre Kinder überleben. Ich glaube, gerade diese Tatsache macht es so schwer mit dem Tod des eigenen Kindes leben zu lernen. Aber woran hält man sich fest? Woran soll man noch glauben, wenn jetzt sogar scheinbar Lebensgesetze nicht mehr gelten? Dafür gibt es wohl keine allgemeingültige Antwort, denn Nein, man kann keinen Verlust mit einem anderen vergleichen. Jeder Verlust ist individuell und kann auf seine ganz eigene Weise tragisch und schmerzvoll sein.

Außerdem widme ich dieses Buch meiner Frau, die mir in gewisser Art und Weise das Leben gerettet hat und unseren beiden Familien. Ohne deren Unterstützung in dieser schwierigen Zeit ich wahrscheinlich nicht an diesen Zeilen schreiben würde.

Und vor Allem widme ich dieses Buch meiner Tochter Lia und ganz besonders meinem Sohn Vince. Ohne ihn würde es diese wunderschön traurige Geschichte nicht geben.

Auf unserem Weg der Trauer haben wir ganz viele Menschen und ihre Geschichten kennengelernt. Menschen mit Schicksalen, die unserem ähneln. Viele Menschen, die ihren Weg zu trauern gefunden haben. Aber auch einige, die noch auf der Suche sind. Es gibt nicht den einen richtigen Weg. Die Schwierigkeit liegt wohl meist darin seinen eigenen Weg zu finden.

Ich glaube, dass ich meinen Weg gefunden habe. Ich weiß, dass meine Art der Trauerbewältigung nicht einfach auf andere Schicksale anwendbar ist. Doch vielleicht gibt unsere Geschichte anderen Menschen, die ähnlich schlimmes erlebt haben, Trost, Hoffnung, vielleicht sogar Kraft.

Bibliografische Information der Deutschen Nationalbibliothek: Die Deutsche Nationalbibliothek verzeichnet diese Publikation in der Deutschen Nationalbibliografie; detaillierte bibliografische Daten sind im Internet über dnb.d-nb.de abrufbar

TWENTYSIX – der Self-Publishing-Verlag
Eine Kooperation zwischen der Verlagsgruppe Random House und BoD – Books on Demand

© 2020 Philipp Groda

Herstellung und Verlag:
BoD – Books on Demand, Norderstedt

ISBN: 9783740766078

## *Vorwort*

*Es ist der Beginn eines angenehmen Frühlingstages. Die Sonnenstrahlen scheinen warm durchs Fenster. Ich liege mit meiner Tochter auf ihrer Spieldecke. Mit ihrem Lächeln versüßt sie mir den Morgen. In diesen Genuss komme ich sonst nur an Wochenenden. An normalen Wochentagen bin ich schon auf der Arbeit, wenn sie wach wird. Doch heute ist kein normaler Tag. Ich habe mir Urlaub genommen. Nicht, weil wir verreisen oder etwas anderes geplant haben. Ich habe mir Urlaub genommen, weil mir klar war, dass ich an diesem Tag nicht arbeiten möchte. Vielleicht sogar nicht arbeiten kann. Genau heute vor zwei Jahren hat sich unser Sohn entschieden diese Welt wieder zu verlassen. Zwei Tage hat er gekämpft oder vielleicht auch nur auf unsere Erlaubnis gewartet gehen zu dürfen.*

# Inhalt

1. Die Sonne scheint -         7
   und wir spüren sie
2. Abschied ! ?                36
3. Flucht                      53
4. S. O. S.                    60
5. Licht im Dunkeln            67
6. Briefe an meinen Sohn       71
7. Heute                       126

## _Die Sonne scheint –_

## _und wir spüren Sie_

### *Lebenszeichen*

*Wie sich unsere Gefühle schlagartig synchronisieren.*

*Wir haben uns in Naivität geflüchtet.*

*Weil wir wir sind.*

*Uns passiert nichts.*

*Das wir etwas verlieren.*

*Machtlosigkeit, wie sie plötzlich vor einem steht.*

*Und die Untätigkeit einem einverleibt.*

*Tätowiert in Geheimschrift.*

*Weil man so was nicht vergisst. Was bleibt ist ein*

*Gefühl in schwarz und weiß.*

*Dann fängt man an nach Gründen zu suchen.*

*Ich tröste mich mit Floskeln, die nicht lange halten.*

*Und dann denkt man: „Der Verlust hätte einen enger zusammen rücken lassen."*

*Aber brauchen wir das?*

*Brauchen wir einen Verlust um enger zusammen zu sein?*

*Ich denke Nein!*

*Wir müssen nicht erst etwas verlieren*

*Um zu wissen, dass wir zusammen gehören.*

*Und schlussendlich*

*War es wohl ein Gefühl, dass wir verloren haben.*

*Ein reales Gefühl.*

*Näher bei dir als bei mir.*

*Denn es war in dir.*

*Nicht in mir.*

*Ein Gefühl, das für einen Moment alles verändert hat.*

*Wir haben ein Gefühl verloren*

Jetzt haben wir also Gewissheit, meine Frau muss bis zur Geburt unseres Sohnes im Krankenhaus bleiben. Zum ersten Mal wurde es uns nun ganz offiziell bestätigt. Ein Schock für mich, weil ich weiß, dass es ein Schock für meine Frau ist. Ich erinnere mich noch wie meine Frau das Kinderthema eröffnete. Damals erschien alles so klar und einfach: „Ein kleines Du und Ich, das wäre doch schön", sagte sie. Wir hatten vor einigen Monaten geheiratet, waren seid über sieben Jahren ein Paar. Ein Kind wäre das Ergebnis unserer Liebe gewesen. Und es ging auch Bilderbuch mäßig weiter. Meine Frau wurde schnell schwanger. Als sie es mir erzählte, war das ein unbeschreibliches Gefühl. Bis zu diesem Zeitpunkt hatte ich noch nie so ein unglaubliches Glücksgefühl verspürt. Und genau so schnell verschwand dieses Gefühl wieder als wir erfuhren, dass meine Frau eine Fehlgeburt erlitten hatte. Keine einfache Zeit, doch wir kamen wieder auf die Beine und versuchten es erneut. Nein, nochmal würde uns so etwas nicht passieren. Und trotz unseres ersten Verlustes hatte ich, als meine Frau mir erzählte, dass sie wieder schwanger war, wieder dieses einnehmende Glücksgefühl, gegen das ich mich nicht wehren konnte. Und ich wollte mich auch nicht wehren. Doch leider ist das Leben kein Bilderbuch. In der neunten Woche, nachdem meine Frau erneut Blutungen hatte, erfuhren wir, dass es wieder eine fehlerhafte Schwangerschaft war. Meine Frau musste ins Krankenhaus. Der abgestorbene Fötus musste operativ entfernt werden. Dies war uns bei der ersten Schwangerschaft immerhin erspart geblieben. Ich erinnere mich noch wie sie nach der Operation aufwachte und einfach nur weinte. Es war schlimm. Wir wussten erst mal nicht mehr weiter. Nachdem wir durch verschiedene Ärzte abklären ließen, dass bei uns beiden körperlich alles in Ordnung war, schöpften wir neuen Mut. Wir versuchten es weiter. Und Ja, nachdem wir uns ein wenig Zeit für uns genommen hatten, klappte es erneut. Unsere dritte Schwangerschaft. Und ich habe gemerkt, dass man Gefühle nicht steuern kann. Wieder überwältigte mich dieses Gefühl, dass ich Vater werde. Und nach all dem was bisher passiert ist, sind wir letztendlich hier, im Krankenhaus. Ich kenne niemanden, der gerne im

Krankenhaus ist. Gerade für meine Frau ist dieser Ort nicht der angenehmste. Sie bekommt ein Zimmer. Es ist kahl und sie ist alleine. Alleine mit unserem ungeborenen Sohn. Das Zimmer ist sauber, doch kein Fernseher. Im besten Fall bleibt sie drei Monate. Das klingt paradox, doch wir halten uns daran fest, dass es für unseren Sohn ist. Endlich haben wir auch eine Diagnose. Das HELLP- Syndrom. Eine Form der Schwangerschaftsvergiftung: „Also doch. Der Begriff, der vorher schon die ganze Zeit im Raum schwebte, hat sich jetzt also doch bestätigt. Aber das waren doch nur Oberbauchschmerzen. Schmerzen, die bei meiner Frau vor ein paar Wochen auftraten. Und dabei hieß es doch anfangs noch, dass es dieses Syndrom nicht sein kann, weil es dafür eigentlich viel zu früh ist. Weil diese Krankheit doch nur Frauen in einem höheren Schwangerschaftsmonat bekommen können." Doch eigentlich spielt das jetzt auch keine Rolle mehr. Wir planen die nächsten Tage, Wochen, Monate. Mit unseren Familien überlegen wir, wie meine Frau zum Fernsehprogramm kommt. Durch Tablet, Fernseh- Apps und Abonnements finden wir eine Lösung. Das klingt auch verrückt, als wäre Fern sehen jetzt so wichtig. Das ist es nicht, doch es ist wichtig, dass meine Frau sich so heimisch wie möglich fühlt. Auch für das ständige parken auf dem Universitätsgelände, das auf Dauer ziemlich teuer ist, finden wir in den kommenden Tagen eine Lösung. Um einen dauerhaften Parkschein zu bekommen muss ich zwischen drei verschiedene Gebäuden hin und her laufen, weil sich niemand verantwortlich fühlt. Wir stellen uns auf drei Monate ein. Das HELLP Syndrom also. An einem Abend recherchiere ich diese Diagnose: „Die bedrohlichste Form der Schwangerschaftsvergiftung. Lebensbedrohlich für Kind und Mutter... ." Während ich das Internet durchforste realisiere ich so langsam was hier passiert. Es besteht die Möglichkeit, dass meine Frau und mein Kind sterben. Die möglichen Folgen treffen mich wie Schläge. Deshalb hängt meine Frau auch ununterbrochen am Tropf und wird mit Medikamenten versorgt. Das heißt aber auch, dass sie sich nicht gut bewegen kann. Es ist anstrengend und belastend. Sie weint viel und oft. Vor allem, wenn wir uns Abends verabschieden. Auch ich weine viel, doch ich versuche es vor meiner Frau zu vermeiden. Denn wenn ich bei ihr bin, will ich stark sein. Stark für sie. Stark für unseren Sohn. Das ist doch Wahnsinn. In dem einen Moment ist alles in bester Ordnung und wir sind in purer Freude in Erwartung unseres Kindes.

Nachdem wir die magische zwölfte Schwangerschaftswoche überschritten hatten war alles federleicht. Niemals hätte ich daran gedacht, dass irgendetwas schief gehen könnte. Und plötzlich leben wir in Angst. Doch dann nach ein paar Tagen ein erster kleiner Lichtblick. Meine Frau muss nicht mehr ständig am Tropf sein. Ihre Werte sind stabil genug und sie kann sich wieder frei bewegen. Ein toller Moment. Es wird zwar schwer, aber wir sind sicher: „Wir schaffen das!" Meine Frau bekommt viel und oft Besuch. Gerade am Wochenende kommen viele Freunde und Familie. Dennoch habe ich Angst. Es kann jederzeit etwas schief gehen. Organversagen, ein Hirnschlag. All diese Gedanken begleiten mich. Die Ärzte kontrollieren beide ständig und außer, dass sie im Krankenhaus sein muss, geht es ihr und unserem Sohn gut.

*„Der Weg bis in dieses Krankenhaus war tatsächlich ein sehr weiter und steiniger Weg für mich und meine Frau. Bis zu diesem Zeitpunkt hatten wir bereits zwei Verluste erlebt. Zwei sehr frühe Verluste. Damals dachte ich, dass diese Verluste "normal" wären, weil wir mit der Zeit von so vielen Menschen gehört haben, die auch eine fehlerhafte Schwangerschaft während den ersten*

*zwölf Wochen erlebt hatten. Wenn das so vielen Menschen passiert, dann kann man doch auch leicht darüber hinweg kommen. Heute sehe ich das anders. Auch diese zwei Verluste haben uns hart getroffen und wir haben an uns gezweifelt. Bei allem was bei uns danach noch passierte, erscheinen diese beiden Verluste in einem anderen Licht. Doch in dem Moment als sie passierten, fühlten wir uns ohnmächtig. Nein, wir haben damals nicht nur ein Gefühl verloren. Wir haben etwas, wenn auch noch sehr kleines verloren, dass unser Kind beziehungsweise unsere Kinder werden sollte/n. Vielleicht auf eine gewisse Art und Weise es auch schon waren. Ich habe diesen beiden ersten Verlusten nur wenige Zeilen gewidmet, doch ich will sie keinesfalls verharmlosen. Ein Verlust, ganz gleich in welcher Schwangerschaftswoche ist tragisch und kann schmerzen. Ich habe irgendwann von der Idee gelesen, dass Fehlgeburten möglicherweise kleine Seelen sind, die aus irgendeinem Grund noch nicht bereit sind in diese Welt zu treten. Und es besteht die Möglichkeit, dass diese kleinen Seelen es zu einem späteren Zeitpunkt erneut versuchen. Diese Idee gefällt mir. In unsere Geschichte passt diese Theorie, deshalb gefällt sie mir wohl auch so gut."*

Eigentlich ist auf dem Universitätsgelände immer viel los. Viele Menschen, Mitarbeiter, Bauarbeiter sind unterwegs. Zweieinhalb Wochen liegt meine Frau jetzt schon im Krankenhaus und an diesem einen Sonntag herrscht eine komische Stimmung. Kein Baulärm von der anderen Straßenseite. Es kommt zwar Besuch, das Wetter ist schön und man setzt sich gemeinsam auf die Terrasse und plaudert ein wenig, doch irgendwann sind die Besucher alle weg. Ich und meine Frau sind allein. Wie eigentlich immer bin ich der letzte "Besucher", weil ich bei ihnen sein möchte, aber wahrscheinlich auch, weil ich nicht alleine sein will. Denn bei meiner Frau fühle ich mich stark. An diesem Sonntag gehen wir nochmal spazieren. Es ist angenehm warm und es herrscht eine komische Stille. Ich versuche meine Frau mit irgendeinem Blödsinn auf zu muntern. Es gelingt für kurze Zeit, doch dann heißt es Abschied nehmen. Besuchszeiten spielen zwar schon lange keine Rolle für mich, dennoch muss ich gehen. Meine Frau weint, wie fast immer, wenn wir uns verabschieden. Ich tröste sie und bleibe stark. Im Auto, auf dem Weg nachhause halte ich an einer Ampel. Ich beginne zu weinen. Ich sitze alleine in meinem Auto und weine einfach. Das alles ist so unglaublich anstrengend. Das pendeln zwischen

Arbeit und Krankenhaus. Die Angst meine Frau zu verlieren. Die Angst meinen Sohn zu verlieren. Psychisch und physisch stoße ich gerade an Grenzen. Doch nicht mehr zu können ist keine Option. Das ist vielleicht das einzig Gute an dieser Situation. Mir bleibt keine Wahl. Keine Wahl zu haben macht es mir einfach zu entscheiden. Und es ist komisch, doch an diesem Abend fühle ich zum ersten mal ganz deutlich, dass wir das schaffen. Ja, ich glaube schon die ganze Zeit daran, nur heute ist dieses Gefühl sehr präsent und hat sich so gefestigt, dass ich auch wirklich davon überzeugt bin. Ja, es ist eine beschissene Situation, doch wir stehen das durch.

Und so gehen die Tage vorbei und ich nehme mir für das kommende Wochenende vor, endlich das Kinderzimmer auf zu bauen.

### *Vince*

*Ich bekomme die Nachricht.*

*Es ist ein Geschenk für mich.*

*Ich reagiere mit einem Lächeln.*

*Mit dem wohl ehrlichsten Lächeln, was mir je über die Lippen ging.*

*Ich trage Vorfreude in mir.*

*Doch der Tag ist so fern – das ich es nicht fassen kann.*

*Und mit diesem Wissen schreitet Tag für Tag voran.*

*Und eigentlich ist alles wie immer.*

*Doch irgendwann wird es konkret, weil jetzt ein Tag fest steht.*

*Und noch ..... Bin ich die Ruhe selbst.*

*Und dann, kommen wir an.*

*„Wie hoch geht`s denn?"*

*„Neun Monate."*

*Klingt viel, aber auch diese Zahl macht mich nicht nervös.*

*Wir steigen ein und los geht`s.*

*Wir steigen immer höher.*

*Tag für Tag.*

*Woche für Woche.*

*Monat für Monat.*

*Wir steigen immer höher.*

*Genau wie mein Puls.*

*So langsam begreife ich was hier passiert.*

*Es gibt Komplikationen.*

*Die Maschine gerät ins trudeln.*

*Droht ab zu stürzen.*

*Wir müssen raus.*

*Jetzt!*

*Wir springen.*

*Achtundvierzig Stunden freier Fall.*

*Die Landung ist hart.*

*War so nicht geplant.*

*Meine Frau hat mir mal zum Geburtstag einen Gutschein für einen Fallschirmsprung geschenkt.*

*Das wollte ich schon immer mal machen. Und als das Geschenk kam, war es wohl einfach der richtige Zeitpunkt. Die Tage vor dem Sprung und auch auf der Fahrt zum Sprungplatz war ich komischerweise weder aufgeregt noch nervös. Als wir auf dem Flugplatz ankamen waren dort einige Menschen. Ich lernte meinen Tandem Partner kennen. Er gab mir eine Einweisung und erklärte mir wie alles ablaufen würde. Und dann warteten wir bis das Wetter aufklarte. An diesem Tag war es ein wenig bewölkt und durch Wolken zu springen soll ziemlich schmerzhaft sein. Zumindest glaube ich, dass dies die Antwort war, als ich fragte, was passieren würde, wenn man denn durch eine Wolke springt. Aber irgendwann ging es dann los.*

*Wir quetschten uns, im wahrsten Sinne des Wortes, in ein kleines Propellerflugzeug. Eine junge Frau war dabei, die wie ich auch, einen Tandem Sprung wagte. Die anderen Personen im Flugzeug sprangen alle solo. Das Flugzeug startete und hob ab. Ich stand in ständigem Austausch mit meinem Tandem Partner. Meine Aufregung war natürlich ein wenig gestiegen, aber wirklich nervös oder Angst verspürte ich noch immer nicht so Recht. Bei 8000 Metern war die Flughöhe erreicht, bei der wir springen sollten. Die Solospringer sprangen bereits bei 4000*

*Metern. Unter Fallschirmspringern ist es wohl so, dass derjenige, der aus dem Flugzeug springt, alle anderen abklatscht. Zumindest war es bei uns so. Bei 4000 Metern öffnete einer der Springer die Tür des Flugzeugs, klatschte uns ab und sprang einfach raus. Dann sprang einer nach dem anderen einfach hinterher. Und an diesem Punkt begann wohl mein Gehirn erstmals zu verstehen was da gerade passierte. Da ist gerade jemand aus dem Flugzeug gesprungen. Und ich würde gleich dasselbe tun. Klar hatte ich schon Fallschirmspringer im Fernsehen gesehen. Aber mein Gehirn brachte diese zwei Sachen irgendwie nicht zusammen. Mensch springt aus Flugzeug. Das ist doch verrückt. Aber keine Sorge, ich wurde weder panisch noch wollte ich das ganze absagen. Ich sprang aus dem Flugzeug und es war ein unglaubliches Gefühl. Ich wusste irgendwann würde dieser Fallschirm aufgehen und wir gleiten sanft zu Boden. Und so war es letztendlich auch. Die Schwangerschaft mit unserem Sohn hat mich sehr an diesen Fallschirmsprung erinnert. Ja, ich wusste meine Frau ist schwanger. Ja, ich wusste, dass am Ende dieser Schwangerschaft meine Frau einen kleinen Jungen zur Welt bringen würde. Doch irgendwie habe ich es die ganze Zeit nicht verstanden. Erst als die Tür aufging und wir springen mussten, habe ich verstanden was da gerade passiert.*

Ich bin zurzeit im letzten Jahr meiner Ausbildung zum staatlich anerkannten Erzieher. Da meine Frau auch Erzieherin ist mussten wir uns häufiger den Satz anhören: „Ein Kind von zwei Erziehern. Das sind ja die Schlimmsten." Natürlich immer mit einem kleinen Augenzwinkern. Und bisher hat uns unser Beruf eigentlich nur die Suche nach einem Namen für unseren Sohn ein wenig erschwert. Wir haben beide schon so viele verschiedene Kindernamen gehört und verbinden bestimmte Kinder auch mit bestimmten Namen, sodass es uns tatsächlich schwer fällt einen geeigneten Namen zu finden. Doch irgendwie haben wir es doch geschafft. Vince. Mir gefällt dieser Name und als ich ihn meiner Frau vorschlage reagiert sie sehr positiv. Dann erfahren wir auch noch um die Bedeutung des Namens: „Der Sieger". Und in dieser schweren Zeit bringt das Wissen um die Bedeutung die endgültige Sicherheit.

Seitdem meine Frau im Krankenhaus ist trage ich mein Handy bei der Arbeit immer bei mir.

Natürlich in der Hoffnung, dass sie nicht anruft.
Es ist Donnerstag, der 30. März 2017 und ich sitze im Gruppenraum. Plötzlich vibriert mein Handy. Ich stehe auf und laufe ins Personalzimmer. Ich schaffe es nicht ran zu gehen. Ich war zu langsam. Ich schaue auf das Display. Meine Frau hat angerufen. Sofort ahne ich, dass etwas nicht stimmt. Ich rufe zurück. Kein „Hallo", kein „Wie geht`s?" Weinend sagt meine Frau, dass die Ärzte jetzt unseren Sohn per Kaiserschnitt auf die Welt holen müssen. Ich versuche sie zu beruhigen und sage ihr, dass ich mich gleich auf den Weg mache. Das alles gut wird. Die Ärztin möchte mich sprechen. Die Versorgung der Nabelschnur ist zu schlecht. So schlecht, dass unser Sohn im Bauch sterben könnte, wenn sie ihn nicht sofort holen. Ich sage, dass ich mich auf den Weg mache. Die Ärztin versucht mich zu beruhigen. Ich soll nicht rasen und ganz in Ruhe fahren. Ich schaffe es noch kurz meinen Kollegen Bescheid zu geben und verlasse dann fluchtartig die Arbeit. Mein Herz schlägt schnell, doch ich fahre ruhig. Ich rase nicht. Ein Unfall oder von der Polizei angehalten werden, diese Zeit habe ich nicht. Während der Fahrt ruft meine Schwägerin an. Meine Frau hat sie auch angerufen. Sofort sage ich, dass ich schon unterwegs sei. Ich komme auf dem

Universitätsgelände an. Ich parke. Auch meine Schwägerin ist schon da. Wir gehen gemeinsam auf die Station und erfahren dort, wo wir hin müssen. Ich renne vor. Am Operationssaal angekommen erkundigt sich eine Krankenschwester, ob die Operation bereits begonnen hat. Ich habe Glück, bin noch rechtzeitig. Ich werde in einen Umkleideraum begleitet, in dem ich Schutzkleidung anziehen muss. Ein Mann kommt herein. Es ist der Arzt, der den Kaiserschnitt durchführen wird. Wir stellen uns vor. Es ist die siebenundzwanzigste Schwangerschaftswoche. Ich frage ihn wie die Chancen stehen, dass unser Sohn das alles hier überlebt. Der Arzt ist sehr offen, macht einen sympathischen Eindruck. Er erklärt mir, dass die Chancen bei einer solch frühen Geburt gar nicht schlecht stehen. Bei fast neunzig Prozent. Aber er ist auch sehr ehrlich, auf eine angenehme Art und Weise. Und dann sagt er einen Satz, den ich bis heute nicht vergessen habe: „Wissen Sie, ich kann Ihnen das jetzt alles hier erzählen - das die Chancen gut stehen. Aber Wahrscheinlichkeiten finden auf den Einzelfall keine Anwendung. Wenn ihr Kind zu den zehn Prozent gehört, die es nicht schaffen, bringen Ihnen die neunzig Prozent auch nichts." Er hat Recht. Aber es spielt keine Rolle.

Unser Sohn hat eine Chance, mehr wollte ich nicht wissen. Wir gehen gemeinsam in den Operationssaal. Viele Menschen sind dort. Und da liegt meine Frau. Keine Vollnarkose. Sie ist bei Bewusstsein. Ich bin froh es geschafft zu haben. Und von da an geht für mich alles wie automatisch. Wie gebetsartig spreche ich auf meine Frau ein. Das ich da bin. Das sie stark ist. Wie gut sie das macht. Ich atme mit ihr. Während der Operation habe ich keine Angst. Ich funktioniere einfach - und dann, nach einiger Zeit ist es vorbei. Kaum, dass ich es gemerkt habe ist unser Sohn zur Welt gekommen. Der Arzt kommt zu uns und gratuliert uns. Es ging alles gut. Unser Sohn ist da. Wir sind glücklich. Meine Frau ist erschöpft. Sie wird in ein Zimmer gebracht und ich gehe in den Warteraum und hole meine Schwägerin. Mit Tränen in den Augen nehme ich sie in den Arm und sage ihr das sie jetzt Tante ist. Sie weint. Ich rufe meine Eltern an. Mein Vater ist am Telefon. Immer noch mit einem Klos im Hals erzähle ich ihm alles. Dann gehen meine Schwägerin und ich wieder zu meiner Frau. Und kurze Zeit später darf ich dann zum ersten mal zu meinem Sohn. Ich bin aufgeregt und mein Herz schlägt schneller als ich den Raum betrete. Da liegt er. Zwar an Schläuche angeschlossen und in einem Brutkasten. Aber da ist er, mein Sohn. Ich bin so stolz. Da ist so unglaublich viel Liebe und ich spüre sie ganz deutlich.

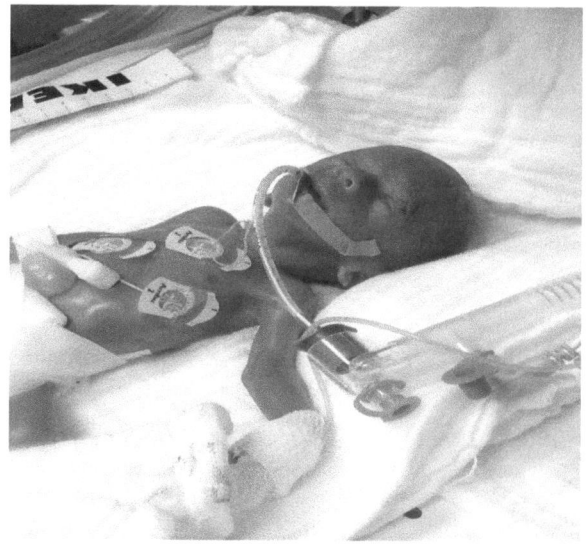

*Vince, 30. März 2017*

Ich brauche keine Anlaufzeit um ihn kennen zu

lernen. Ich weiß nicht, ob er mich wahrnimmt, ob er mich hört. Aber das ist egal. Ich fange sofort an mit ihm zu reden: „Hey mein Großer. Papa ist jetzt da!" Ich rede ganz normal mit ihm. Ich habe das Gefühl, dass das jetzt wichtig ist. Sein Körper ist ganz rot, voll Blut durchströmt. Ich mache ein paar Fotos und ein Video. Dann kommt der Arzt. Er erzählt mir viel. Das der Kaiserschnitt gut verlief. Das unser Sohn sich nach der Geburt viel bewegt hat, was ein gutes Zeichen ist. Aber auch, dass ihm ein paar Gramm mehr, gut tun würden. Er wiegt nur 540 Gramm. Das klingt wenig, doch es sieht nicht wenig aus. Mein Sohn ist da und er ist vollkommen. Der Arzt fragt mich nach seinem Namen. Ich sage Vince und er schreibt ihn auf den Zettel, der am Brutkasten klebt. Der Arzt erklärt mir, dass er natürlich beatmet und versorgt werden muss und das er Ruhe braucht. Die ersten Tage sind bei so extrem früh geborenen Kindern immer kritisch. Doch der Gedanke, dass unser Sohn es nicht schaffen könnte liegt außerhalb meiner Vorstellungskraft. In diesem Moment existiert dieser Gedanke nicht. Ich gehe zurück zu meiner Frau. Ich zeige ihr die Bilder. Es ist unglaublich schlimm für sie, dass sie nicht gleich zu ihm kann, weil sie nach der Operation einfach körperlich viel zu schwach ist. Doch wir sind stolz.

Abends fahre ich noch zu meinen Eltern. Als sie die Tür öffnen fallen wir uns in die Arme. Ich fange sofort an zu weinen. Ich sage, dass niemand weiß, ob Vince es schaffen wird, aber daran glaube ich nicht. Meine Eltern sprechen mir Mut zu. Das ich immer positiv denken soll. Das tue ich auch. Unser Sohn schafft das.

Der nächste Tag ist für meine Frau sehr anstrengend. Sie kann sich vor Schmerzen kaum bewegen. Die Schmerzmittel helfen nicht und sie leidet, doch sie will zu unserem Sohn. Sie will ihn sehen. Will bei ihm sein. Es tut mir weh sie so leiden zu sehen und nichts tun zu können. Die Krankenschwestern kommen und helfen meiner Frau beim aufstehen. Ich verlasse den Raum und kann nur erahnen, was sie für Schmerzen hat. Doch sie hat einen starken Willen und schafft es aufzustehen. Sie setzt sich in den Rollstuhl und ich bringe sie zu unserem Sohn. Eine Krankenschwester ist bei ihm. Als wir vor dem Raum stehen sagt sie: „Ach, schauen sie mal. Mama und Papa sind da und schon schlägt sein Herz schneller. Das ist ein gutes Zeichen." Tatsächlich, wir haben nicht mal den Raum betreten und können auf dem Monitor deutlich sehen wie sein Herzschlag in die Höhe geht.

Unglaublich. Er spürt uns also. Er spürt, dass wir da sind. Ich beginne wieder sofort mit ihm zu reden: „Vince, heute habe ich die Mama mitgebracht." Meine Frau ist erschöpft und glücklich. Glücklich endlich bei ihm zu sein. Die Schwester öffnet eine Klappe an der Seite des Brutkastens, damit meine Frau seine Hand halten kann. Der Arzt kommt herein. Es hat sich einiges geändert. Vince muss an der Speiseröhre operiert werden, aber die Ärzte wollen warten. Eine Operation wäre zu anstrengend für ihn. Doch wir wissen, dass er es schaffen wird. Das wir es schaffen werden. Wir lassen unseren Sohn nur ungern allein, aber Ruhe ist jetzt eben das wichtigste für ihn. Meine Frau braucht auch Ruhe. Wir geben der Krankenschwester die Spieluhr, die wir während der Schwangerschaft öfters abgespielt haben. Dann verabschieden wir uns und gehen wieder auf das Zimmer. Die Nachricht von der Operation war zwar keine positive, dennoch blicken wir nach vorne und sind überzeugt, dass Vince es schaffen wird. Er ist stark. Meine Frau hat zwar immer noch unglaubliche Schmerzen, doch ich habe weniger Angst um sie. Natürlich tut es jetzt auch noch weh, sie leiden zu sehen, doch weiß ich jetzt, dass sie sich erholen wird, denn mit der Geburt endete auch die

Schwangerschaftsvergiftung. Unsere Gedanken, Sorgen und Ängste sind jetzt bei unserem Sohn. Das Gefühl bei ihm sein zu wollen, aber zu wissen, dass er Ruhe braucht, ist schwer zu ertragen.

Am nächsten Tag machen wir uns gerade fertig, um Vince zu besuchen. Meine Frau muss nochmal ins Bad. Ich warte auf sie. Dann vibriert mein Handy. Eine Nummer, die ich nicht kenne. Ich gehe nicht ran. Dann spüre ich wie das Handy meiner Frau vibriert, dass ich in meiner Hosentasche habe. Ich schaue nicht auf das Display und verschwende auch keinen Gedanken daran, dass die beiden Anrufe zusammenhängen könnten. Meine Frau ist fertig und sie setzt sich in den Rollstuhl. Auf dem Gang fängt uns eine Krankenschwester ab. Die Stationsärzte unseres Sohnes haben angerufen. Wir sollen bitte sofort kommen. Mein Herz beginnt schneller zu schlagen und meine Gedanken beginnen zu rotieren: „Was ist los? Warum sollen wir sofort kommen? Ist es etwas Schlimmes? Es muss irgendetwas Schlimmes sein, sonst würden sie nicht anrufen." Doch wie schlimm es ist, daran kann und will ich nicht denken. Dafür habe ich auch keine Zeit. Ich versuche gleich meine Frau zu beruhigen: „Schatz, was immer auch jetzt passiert, wir schaffen das!"

Tatsächlich weiß ich nicht was passieren wird. In diesem Moment habe ich keine Vorstellung. Alles passiert einfach. Wir kommen auf der Station an. Eine Schwester bittet uns kurz zu warten. Eine Ärztin kommt. Sie setzt sich zu uns. Ich kenne sie nicht, sehe sie zum ersten mal. Sie wirkt sehr einfühlsam und redet in einem angenehmen Ton. Vince` Zustand hat sich über Nacht dramatisch verschlechtert. In seinem Körper sind viele Entzündungen aufgetreten. Und dann sagt sie etwas, das ich wohl nie vergessen werde: „Wenn ihr Sohn uns das Zeichen gibt, dass er nicht mehr kämpfen möchte. Dann sollten wir seinen Wunsch respektieren. Dann sollten sie ihm den Wunsch erfüllen in Würde gehen zu dürfen." Während des Gesprächs weinen wir. Es ist nicht wie ein Gespräch, das man mit einer Ärztin führt. Sie verwendet keine medizinischen Fachwörter oder ähnliches. In diesem Moment ist sie eine nette, sehr einfühlsame, ältere Frau, die uns die schlimmste Nachricht überbringt, die es in diesem Moment für uns geben kann. Unser Sohn wird sterben. Ich kann nicht beschreiben was ich fühle. Ich kümmere mich um meine Frau. Wir gehen nochmal kurz auf den Gang bevor wir zu unserem Sohn gehen. Meine Frau ruft ihre Mutter an, die bereits auf dem Weg war. Wir treffen sie auf dem

Flur und sie fällt meiner Frau in die Arme.
Gemeinsam gehen wir zu unserem Sohn. Wir
betreten den Raum. Eine Krankenschwester ist bei
ihm. Sie hat Tränen in den Augen. Es tut mir leid,
aber Vince sieht nicht gut aus. Er hat zum ersten
mal die Augen offen. Doch sein Blick ist silbrig,
geht ins Leere. Er ist blass und hat überall leicht
entzündete Stellen. Die Schwester erklärt uns, dass
sein Blut versucht die Entzündungen im Körper zu
bekämpfen, weshalb er so blass aussieht. Vince
wird mit Schmerzmitteln versorgt. Er hat also
keine Schmerzen. Nach einiger Zeit verlässt meine
Schwiegermutter den Raum. Wir werden gefragt,
ob ein Pfarrer kommen soll. Ich schaue meine Frau
an, aber nur flüchtig, weil ich meine Antwort
kenne: „Nein, brauchen wir nicht." „Ja, er wird
auch so gut ankommen," erwidert die Schwester.
Sie hilft uns Vince aus dem Brutkasten zu nehmen.
Bevor meine Frau ihn in die Arme nimmt, greift
sie zum Desinfektionsmittel und säubert sich damit
die Hände. Ich schaue sie nur ungläubig an: „Das
brauchen wir jetzt auch nicht mehr..." Meine Frau
nimmt meinen Satz gar nicht wahr, weil ich so
leise spreche und quasi nach zwei Wörtern fast
schon wieder abbrechen. Denn mitten im Satz
verstehe ich sie. Sie will ihn nicht verletzen. Unser
Sohn stirbt und meine Frau will ihn nicht

verletzen, will nicht, dass er sich mit irgendetwas infiziert. Nach ihr desinfiziere ich mir auch die Hände. In seinen letzten Minuten dürfen wir ihn in unseren Armen halten. Er ist noch an das Beatmungsgerät angeschlossen. Ich verlasse kurz den Raum, um meine Eltern anzurufen. Mein Vater ist am Telefon: „Papa, wir gehen uns jetzt von Vince verabschieden. Er schafft es nicht." Mein Vater stockt. Ich erzähle, dass sie noch vorbei kommen können, um ihn kennen zu lernen und sich zu verabschieden, wenn sie möchten. Er sagt, dass sie sich auf den Weg machen. Ich habe kein Gefühl für die Zeit. Vince liegt in unseren Armen, noch am Beatmungsgerät angeschlossen. Nach einiger Zeit kommen meine Eltern und meine Schwester. Sie sind bei uns. Halten seine Hand, streicheln ihn. Ich bin froh, dass sie da sind. Ihn kennenlernen. Nach ein paar Minuten sage ich ihnen, dass wir in den letzten Momenten gerne alleine wären. Meine Eltern verstehen das und verlassen das Zimmer. Eine Ärztin erklärt uns Schritt für Schritt was in Vince` Körper als nächstes passiert. Das Gefühl, das ich gerade verspüre ist unwirklich. Wir reden mit ihm. Sagen ihm, dass er nicht mehr kämpfen muss. Ich lege meine Hand unter seinen Rücken. Ich spüre seinen Herzschlag. Die Schwester macht ein Foto von uns drei. Eine absurde Situation. Wir machen Fotos während unser Sohn stirbt. Aber was bleibt uns? Irgendwann vielleicht nur diese Bilder. Ich kann nicht mehr weinen. Ich bin leer. Wir sind leer. Wir sind für ihn da. Reden die ganze Zeit mit ihm. Vince hängt jetzt nicht mehr am Beatmungsgerät. Wir merken, wie er langsam geht. Wie sein Herz langsam nicht mehr schlägt. Wir halten ihn im Arm. Er atmet nicht mehr. Doch wir halten ihn. Bleiben bei ihm. Sekunden, Minuten, Stunden... . Ich habe keine Ahnung. Irgendwann haben meine Frau und ich das Gefühl, dass er nicht mehr da ist. Das er gegangen ist. Sein Körper liegt in unseren Armen, aber er ist nicht mehr da. Wir legen seinen Körper zurück in den Brutkasten. Für das, was gerade passiert ist, gibt es wohl kein Gefühl. Keines welches ich kenne. Keines welches ich zu beschreiben vermag. Wir holen die Schwester und sagen ihr, dass wir jetzt bereit sind zu gehen. Sie erklärt uns, dass Vince vorerst bei ihnen bleibt und wir ihn jederzeit nochmal besuchen könnten. Meine Frau und ich gehen raus in den Wartebereich, wo meine Schwiegermutter, meine Eltern und Schwester sitzen. Wir setzen uns zu ihnen. „Es war zu früh. Einfach alles zu früh", durchbreche ich in leisem Ton die Stille. Irgendwann verabschieden wir uns. Meine Frau und ich gehen wieder auf ihr Zimmer. Ich helfe ihr sich wieder ins Bett zu legen, setze mich auf einen Stuhl und schaue aus dem Fenster: „Was macht man denn jetzt?", frage ich. Meine Augen sind nicht mehr in der Lage noch Tränen zu produzieren. „Ich weiß es nicht", antwortet meine Frau. „Ich meine: Was macht man denn jetzt!?", wiederhole ich meine Frage, in dem Wissen, keine Antwort zu erhalten. Wir haben gerade unseren Sohn aus diesem Leben begleitet. Alles fühlt sich falsch an. Alles was wir machen ist falsch. Es kann kein Richtig geben. Irgendwer muss uns doch jetzt sagen was wir machen sollen. Es kann doch nicht einfach weiter gehen. Unser Sohn ist gerade gestorben. Überhaupt, was fühle ich gerade? Was ist das für ein Gefühl? Ich kenne es nicht. Bin ich leer? Oder bin ich einfach nur so erschöpft, dass mein Körper taub ist? Taub für jedes Gefühl? Was macht man denn jetzt? Irgendwann lege ich mich neben meine Frau. Ich nehme mir unser Tablet und schaue Fußball - irgendwie schaffen wir es in der folgenden Nacht sogar zu schlafen.

Am nächsten Tag gehen wir nochmal zu Vince. Vielleicht auch nur zu seinem Körper. Da liegt er. In seinem Brutkasten. Er hat eine Mütze auf. Eine bunte, selbstgestrickte Mütze, die er trug, damit er keine Wärme verliert. Die Schwestern haben ihm einen weißen Strampler angezogen. Ein kleines, weißes Herz liegt bei ihm, dabei eine kleine Botschaft: *„Zur Erinnerung an unseren kleinen Engel."* Dazu noch eine Karte. Darin Vince` Fußabdrücke, sein Geburts- und Todesdatum und ein kleines Gedicht:

### Dein Himmel

*„Ich weiß nicht*

*wo dein Himmel ist,*

*aber ich weiß,*

*dass du in unserem Herzen*

*wie ein Stern weiter leuchten wirst."*


Wir sind gerührt. Sie haben unseren Sohn auf so wundervolle und liebevolle Weise verabschiedet. Wir nehmen ihn nochmal in unseren Arm und machen ein paar Fotos. Fotos mit dem Körper unseres Sohnes. Aber wir bleiben nicht lange.

Nach und nach informieren wir unsere Freunde. Die Situation ist unwirklich. Die Welt dreht sich einfach weiter. Die Zeit geht einfach weiter voran. Dabei müsste doch einfach alles stehen bleiben. Warum läuft denn einfach alles weiter? Ich will nicht, dass es einfach weiter geht. Wir liegen viel im Bett. Die Schwestern auf unserer Station sind sehr nett. Sie stellen mir ein zusätzliches Bett ins Zimmer meiner Frau. Mittags kann ich sogar ein wenig schlafen. Ich träume. Was genau, kann ich nicht sagen. Aus einem Traum wache ich so erschreckt auf, dass ich fast die untere Abgrenzung des Bettes kaputt trete. Meine Frau schaut mich mit großen Augen an. Ich drehe mich wieder um.

## **<u>Abschied ! ?</u>**

Wir müssen uns um die Beerdigung kümmern. Meine Frau ist körperlich noch zu schwach, denn der Kaiserschnitt hat ihr einiges abverlangt und ihren emotionalen Zustand kann ich nur erahnen.

Er wird dem meinem ähneln. Doch ich bin körperlich unversehrt, weshalb ich zur Pietät fahre. Meine Mutter begleitet mich. Ich hätte sie nie darum gebeten, deshalb bin ich froh, dass sie mir das Angebot gemacht hat. Vor ungefähr zwei Jahren starb meine Oma. Meine Mutter plante damals die Beerdigung. Sie weiß also wo wir hin müssen, was zu tun ist und welche Dinge geklärt werden müssen. Dinge, von denen ich keine Ahnung habe. Von denen ich auch keine Ahnung haben will. Doch sie müssen getan werden. Selbst, wenn meine Frau körperlich dazu in der Lage gewesen wäre, hätte ich es wohl trotzdem übernommen. Ich will sie schützen, ihr helfen. Ich will ihr soviel Last wie möglich von den Schultern nehmen. Vielleicht brauche ich auch einfach diese Last, damit sie überschattet wie es mir geht. Zumindest müssen wir uns finanziell keine Gedanken machen. Mein Opa übernimmt die Kosten für die Beerdigung. Das hilft uns sehr. Ich erfahre zum ersten mal wie teuer überhaupt eine Beerdigung werden kann. So viel Geld, um sich verabschieden zu dürfen. Wir planen die Beerdigung mit einer sehr jungen und netten Frau. Sie arbeitet noch nicht lange in diesem Geschäft. Wir sind ihre erste Familie, die ein Kind in diesem jungen Lebensalter beerdigen muss. Bei einigen

Details muss sie sich bei einem Kollegen informieren, doch das stört mich nicht. Sie macht ihre Arbeit gut. Ich fühle mich bei ihr gut aufgehoben. Wir vereinbaren die groben Rahmenbedingungen. Genauere Details muss ich natürlich mit meiner Frau besprechen. Wir dürfen Vince Sarg bemalen. Dazu müssen wir vor der Beerdigung nochmal wiederkommen. Eine schöne Idee. Ich wusste nicht wie dieser Termin werden würde, doch es ist in Ordnung. Ich dachte ich würde da sitzen und vor Tränen nicht sprechen können, aber dem war nicht so. Auf dem Weg zurück ins Krankenhaus ruft meine Frau an. Ich bin etwas überrascht: „Ja!? Ist alles in Ordnung?", frage ich. „Ja..... wo bist du denn?", erwidert sie. „Wir sind gerade fertig. Ich fahre meine Mutter heim und dann komme ich. Ich beeile mich, okay!?" „Ja, beeil dich bitte". Meine Frau beginnt zu weinen und beendet das Telefonat. Sie möchte nicht alleine sein. Ich muss jetzt bei ihr sein. Ich muss ihre Stütze sein. Ich werde ihre Stütze sein.

Ein paar Tage später darf meine Frau das Krankenhaus verlassen. „Sie müssen nach Hause. Es reicht jetzt für sie. Sie sollten jetzt in ihren eigenen vier Wänden sein", mit diesen Worten entlässt die Krankenschwester meine Frau. Und sie hat Recht. Es reicht. Wir müssen heim und uns ausruhen. Ausruhen vom Krankenhaus, ausruhen von allem, was in den letzten Wochen passiert ist. Als wir im Auto sitzen und nach Hause fahren fühle ich mich ein wenig befreit. Endlich dieses Krankenhaus verlassen zu dürfen ist eine kleine Erleichterung. Wir kommen zu Hause an. Ich finde gleich einen Parkplatz und helfe meiner Frau beim aussteigen. Plötzlich hält sie inne. Unsere Nachbarin, eine sehr gute Freundin, die zeitgleich mit meiner Frau schwanger war und es auch immer noch ist, kommt gerade die Straße hoch gelaufen. Sie sieht uns nicht. Vielleicht hat sie uns doch gesehen und gibt meiner Frau nur den Freiraum erst einmal an zu kommen. Meine Frau beginnt zu weinen: „Ich kann das nicht... ." "Schatz, das ist in Ordnung. Du nimmst dir die Zeit, die du brauchst. Die Lisa wird das verstehen", erwidere ich. Als wir in unsere Wohnung kommen legt sich meine Frau sofort auf die Couch. Vielleicht gelingt es uns in den eigenen vier Wänden ein wenig auszuruhen - doch dann ist da noch dieses leere Zimmer. Es sollte nicht leer sein. Dort sollte ein Kinderzimmer aufgebaut sein. Es sollte gestrichen sein, vielleicht mit irgendeinem Muster an der Wand. Doch es ist leer. Es spiegelt meine Gefühlswelt wieder. Leere.

Wir haben noch ein paar Tage, um die Beerdigung zu planen. Nachdem wir gemeinsam den Sarg bemalt und einen geeignet Ort für Vince Grab gefunden haben, bleibt nur noch die Musik Auswahl. Ich höre mir viele Lieder an. Viele die passen würden. Doch welche sollen es jetzt werden? „Schatz, guck mal, das hier finde ich schön." Ich spiele ihr ein Lied vor. „Und das hier ist auch schön, aber wir müssen uns entscheiden. Was sagst du denn?" Meine Frau beginnt zu weinen: „Wir sollten so etwas nicht entscheiden müssen. Das sollten wir nicht müssen", antwortet sie. "Doch wir müssen es leider..." entgegne ich mit leiser Stimme. Doch sie hat Recht. Keiner sollte entscheiden müssen, welche Musik er bei der Beerdigung seines Kindes abspielen möchte. Und ich merke, wie ich vor lauter Organisieren nicht trauern kann. Doch das kommt bestimmt während der Beerdigung. Da ist Zeit zum trauern, zum Abschied nehmen.

Und dann ist der Tag gekommen. Es ist der 11. April 2017. Heute werden wir unseren Sohn beerdigen. Habe ich alles? Die Musik!? Den Text!? Vince` Spieluhr!? Ja, ich hoffe ich habe alles. Als wir auf dem Friedhof ankommen, warten da bereits unsere Familien. Nur Familie, keine Freunde. Das haben meine Frau und ich so entschieden. Wir wollen im kleinen Kreis bleiben. Meine Frau begrüßt unsere Familien, während ich ins Büro der Friedhofskapelle gehe, um die Musik abzugeben und Bescheid zu sagen, dass wir bereit sind. Meine Frau und ich betreten als erste die Trauerkapelle. Da vorne steht der Sarg. Unser bemalter Sarg. Er ist geschlossen. Da waren wir uns einig. Geschlossen soll er sein. Warum eigentlich? Ich weiß es nicht. Vielleicht, weil wir den anderen den Anblick unseres toten Sohnes ersparen wollten. Vielleicht aber auch, weil wir uns selber den Anblick ersparen wollten. Wo setzen wir uns hin? Genau. Gleich ganz vorne links. Erste Reihe. Da müssen wir doch sitzen, oder? Das macht man doch so. Wir als Eltern sollten ganz vorne sitzen – Ich würde gerne ganz hinten sitzen. In der letzten Reihe. Doch wir sind die Eltern. Wir sollten bei der Beerdigung ganz vorne sitzen. Dort, wo uns alle sehen - Ich würde mich gerne verstecken. Ich halte die Hand meiner Frau. Sie weint. Sie weint viel. Ich vergieße auch einzelne Tränen, nur fließen wollen sie irgendwie nicht. Das erste Lied setzt ein. Das Richtige. Ich bin erleichtert. Es läuft wie geplant. Dann das zweite Lied. Danach ist Zeit für Worte vorgesehen. Ich beginne zu überlegen. Ich möchte etwas sagen.

Das habe ich mir vorgenommen. Habe es mir aufgeschrieben. Doch ich beginne zu zweifeln. Soll ich wirklich was sagen? Doch, ich sage etwas. Es ist wichtig. Würde ich von meinem Plan abweichen, macht sich meine Frau vielleicht Sorgen. Ich habe es mir aufgeschrieben. Ja, ich sage etwas. Mein Herz schlägt schnell. Das Lied ist zu Ende. Ich warte kurz, ob noch jemand anderes etwas sagen möchte. Dann stehe auf und gehe zum Pult. Ich habe Angst, dass meine Stimme versagt, doch sie lässt mich nicht im Stich. Nur bei den letzten Worten wackelt sie ein wenig:

*"Ich möchte mit einem Gedicht beginnen:*

*"Kennst du das Land zwischen wachen und schlafen, den Ort, an dem deine Träume noch bei dir sind? Dort werden wir auf dich warten. Dort werden wir dich immer lieben."*

*Vince, unser kleiner Kämpfer. In der kurzen Zeit, wo du bei uns warst, hast du nicht nur unsere Herzen mit Liebe erfüllt. Du warst auch stärker, als ich es je sein werde. Du hast so tapfer gekämpft. Und zum Schluss hast du auf deine Art und Weise gewonnen. Und am Ende bleibt mir wohl nur mich bei dir zu entschuldigen. Ich habe es versucht, aber ich konnte dich nicht beschützen.*

*Ich hoffe du verzeihst mir. Ich bin davon überzeugt, dass du unsere Liebe gespürt und sie mit dir genommen hast.*

*Ich möchte gerne mit einem Zitat schließen:*

*"Der Tod kann uns nicht nehmen, was niemals stirbt."*

*Unsere Liebe.*

*Mama und Papa lieben dich."*

Ich setze mich wieder hin. Dann Stille - Stundenlange Stille. So kommt es mir vor. Das ist zu viel Stille. Hätte ich doch nur noch ein Lied mehr ausgesucht, dann wäre diese Stille nicht so lang.

Dann irgendwann setzt die Musik wieder ein. Ich atme durch. Endlich. Nach dem letzten Lied laufe ich nach vorne. Ich ziehe Vince` Spieluhr auf und setze sie auf seinen Sarg. Nachdem sie wieder verstummt ist kommen die Sargträger und rollen den Sarg nach draußen auf dem Weg zum Grab. Wir erheben uns langsam und folgen. Auf dem Weg denke ich nur: „Das ist doch nicht der Weg, den wir bei der Besichtigung der Grabstelle gegangen sind. Wissen die was sie tun? Aber doch.

Das sind Profis. Die werden wissen was sie tun - hoffentlich wissen sie was sie tun. Wo sie hin müssen - Doch sie wissen es. Bei so etwas werden bestimmt keine Fehler gemacht." Irgendwann läuft meine Mutter neben mir. Sie legt den Arm um mich und sagt: „Davor konnte ich dich auch nicht beschützen." So hatte ich das noch nicht gesehen. Jeder trauert wohl auf anderen oder mehreren Ebenen. Meine Frau und ich haben unseren Sohn verloren. Unsere Eltern haben ihren Enkel verloren und müssen mit dem Gefühl umgehen, dass sie ihre Kinder vor dieser schrecklichen Erfahrung nicht beschützen konnten. Ich schaue meine Mutter kurz an und blicke dann ohne Antwort wieder zu Boden. Irgendwie dachte ich, ich würde zusammenbrechen. Vielleicht wollte ich sogar zusammenbrechen. Das wäre doch der perfekte Zeitpunkt gewesen, um alle Emotion raus zu lassen. Um zu weinen, um sauer zu sein, um zu trauern, um sich zu verabschieden. Doch anscheinend war die Beerdigung nicht mein Zeitpunkt. Wird der Zeitpunkt irgendwann kommen? Brauche ich so einen Zeitpunkt? Ich weiß es nicht. Doch die Beerdigung war gelungen. So gelungen wie eine Beerdigung sein kann. Ich habe alles getan, dass sich alle auf gebührende Weise verabschieden konnten. Und vielleicht will ich mich noch nicht verabschieden. Was ist denn, wenn ich mich überhaupt nicht verabschieden möchte? Ich wollte doch gar nicht, dass mein Sohn geht. Und wenn ich mich nicht verabschiede, dann ist er vielleicht auch nicht weg. Ich weiß es nicht. Im Moment geht es darum zu funktionieren. Meiner Frau zur Seite zu stehen. Ihr halt zu geben. Einfach allen zeigen, dass ich Stand halte.

### *Kein Leben lang*

*So wenig Zeit, und doch so schnell vereint.*

*Es gibt da Menschen, die haben hundert Jahre.*

*Du hattest nur zwei Tage. Achtundvierzig Stunden.*

*Mehr als manche – weniger als viele.*

*Ich bin davon überzeugt:*

*Du hast die Gefühle eingepackt.*

*Und dich wieder davon gemacht.*

*Weil es dir zu blöd wurde.*

*Dieser Schmerz, dieses Leiden, dieses Ohnmächtig sein.*

*Doch da ist dieses Gefühl.*

*Dieses Gefühl das ich hier bin – und du halt nicht.*

*Und ich muss damit leben.*

*Bei Jeder Freude, bei jedem Lachen muss ich aufpassen mich nicht selbst zu hassen.*

*Dieses Gefühl.*

*Sich für alles entschuldigen zu müssen, weil man weiterlebt.*

*Für jedes Lächeln, das man trägt.*

*Wie die Zeit in der Trauer still steht.*

*Dieser verdammte Zeiger sich einfach nicht fortbewegt.*

*Als wäre die ganze Welt grau.*

*Ich sehe die Sonne, aber spüre nichts.*

*Ich sehe die Rosen, aber rieche nichts.*

*Alles ist grau.*

*Andere Menschen fliegen wie Geister vorbei.*

*Aber ich höre nicht, wie sie laut sind.*

*Weil ich für jede Unwichtigkeit taub bin.*

*Die Erinnerung an die Vorstellung wie es gewesen wäre verblassen nicht.*

*Und wenn ich kleine Kinder sehe, die mit ihren Eltern über die Straße wackeln.*

*Dann seh` ich dich.*

*Dann seh` ich mich.*

*Dann seh` ich uns.*

*Wie du deine ersten Schritte machst.*

*Voller Freude darüber lachst.*

*Dan seh` ich wie du Tore schießt.*

*Das erste Mal vom Fahrrad fliegst.*

*Wie wir auf Bäume klettern.*

*Auf dem Schlitten steile Pisten runter brettern.*

*Wie wir gemeinsam vor dem Schlafengehen das Traumfresserchen rufen.*

*Denn böse Träume hätten in deinem Kinderzimmer nichts zu suchen.*

*Ich wollte mit dir all unsere wunderbaren Gedanken sammeln.*

*Um nach Nimmerland zu fliegen -*

*Um dort mit den verlorenen Kindern Kapitän Hook zu besiegen.*

*Und im Endeffekt seh` ich doch nichts.*

*Denn unsere Geschichte ist es nicht.*

*Und deine Mutter und ich?*

*Wir leben in einem Gemälde aus Trauer.*

*Wir sind im Schmerz vereint.*

*Aber in der Trauer entzweit.*

*Weil die Trauer ein Unikat ist.*

*Und ich hoffe, dass wir es schaffen.*

*Das wir unser Leben nicht auf dem Weg liegen lassen.*

*Da ist jetzt ein Zimmer, das ist leer.*

*Keine Ideen für Farbe oder Wandtattoos mehr.*

*Diese Geschichte ist auf tragische Weise wunderbar.*

*Tragisch, denn du bist nicht mehr da.*

*Wunderbar, denn du warst uns unglaublich nah.*

*Aber es ist unsere Geschichte.*

*Sie gehört uns!*

*Niemandem sonst!*

*Mittlerweile bin ich nach außen unversehrt.*

*Bleibt mein inneres Gesicht doch Schmerz verzerrt.*

*Denn das Gefühl dich aufwachsen zu sehen, bleibt mir auf immer verwehrt.*

*Ganz tief – ganz tief im Inneren ist irgendwas kaputt gegangen.*

*Etwas, das nicht mehr zu reparieren ist. Wir haben deine Liebe gespürt.*

*Sie eingefangen.*

*In unseren Herzen konserviert.*

*Auf das unser Herz dieses Gefühl niemals verliert.*

*Doch es ist falsch!*

*Du solltest hier sein...*

*Und jetzt sitze ich hier.*

*Schreibe an diesem Text.*

*Mit dem Wissen.*

*Er wird niemals perfekt.*


*Wird der Situation niemals gerecht.*

*Seitdem du Weg bist, versuche ich das Leben zu packen.*

*Weil es schnell vorbei sein kann.*

*Ich versuche es zu genießen.*

*Weil wir nicht unsterblich sind.*

*So, als hätte ich nur zwei Tage. Achtundvierzig Stunden.*

*Das wäre mehr als manche – aber weniger als viele.*


*Zum Schluss bleibt mir nur eins zu sagen:*

*Es tut mir leid!*

*Dein Herz schlug schneller als wir bei dir waren.*

*Mit dir redeten.*

*Deine kleine Hand fest in unsere nahmen.*

*Hast uns wahrscheinlich ganz still in deinem Inneren dein Leid geklagt.*

*Doch ich konnte nichts machen – habe versagt.*

*Wenn du gefühlt hast wie wir da waren.*

*Hast du auch gefühlt wie wir vor Ohnmacht erstarrten.*

*Ich kann dir nur eins versprechen:*

*Nichts wird unsere Liebe jemals zerbrechen.*

# **Flucht**

*Der Gedanke an Flucht, wenn wir bedroht werden ist glaube ich etwas, das tief in uns verwurzelt ist. Wir wollen fliehen. Der Schmerz bedroht uns und wir wollen ihm entkommen. Später haben wir das auch von vielen anderen Paaren gehört, denen ähnliches geschehen ist. Wir haben oft den Satz gehört: "Wir mussten erst mal ein paar Tage weg."*

Und nach der Beerdigung müssen meine Frau und ich auch erst mal ein paar Tage weg. Ein kurzer Städte Trip. Nicht weit, einfach nur raus. Raus aus allem was gewohnt ist. Aber ich weiß auch, dass ich die Woche nach unserem Kurzurlaub wieder arbeiten gehen möchte. Ich war nun zweimal bei meinem Hausarzt, um mich krankschreiben zu lassen. Noch einmal werde ich bestimmt nicht zu ihm gehen. Was soll das auch bringen? Noch eine Woche zuhause? Und dann noch eine? Nein, das mache ich nicht. Und so ist es auch, zwei Wochen nachdem unser Sohn gestorben ist, gehe ich wieder arbeiten. Die Freitage sind besonders schlimm. Freitags fange ich erst spät an zu arbeiten. Das heißt, ich habe Vormittags Zeit. Zeit - frei verfügbare Zeit. Das schlimmste was mir gerade passieren kann. Zeit zum traurig sein. Zeit, um über alles nach zu denken. Darüber, dass ich versagt habe. Das ich meine Rolle als Vater nicht erfüllt habe. Darüber , dass es nie wieder gut werden wird. Oft höre ich Musik, die mich Vince nahe bringt. Mit einem Klos im Hals und Tränen in den Augen sitze ich in der Bahn. Nur zehn Minuten von der Arbeit entfernt. Soll ich anrufen und wieder heim fahren? Aber jetzt bin ich schon auf dem Weg. Selbst, wenn ich anrufe, was soll ich sagen? Klar, mir würde schon was einfallen, sodass keiner merkt, dass mich der Schmerz gerade auffrisst. Vielleicht hätte ich einfach Kopfschmerzen. Dann merkt keiner, dass ich gerade einfach schwach und zerbrechlich bin. Und, wenn ich mich dann krankgemeldet habe, was dann? Dann fahre ich wieder nach Hause zu meiner Frau. Und was sage ich ihr? Das es mir so beschissen geht, dass ich nicht mehr arbeiten kann? Das ich einfach fertig bin? Nein, das kann ich nicht. Das geht nicht. Ich muss für sie, für mich und für alle stark sein. Keiner soll sich Sorgen machen. Wie immer reiße ich mich zusammen und gehe arbeiten. Und auf der Arbeit habe ich tatsächlich keine Probleme. Was mir auffällt, ich sehe überall Kinderwagen. Als hätte jedes Kind in unserer Einrichtung ein Geschwisterchen bekommen. Ich meide die Kinderwagen. Gehe schnell daran vorbei, schaue nicht hinein. Kein obligatorisches: „Ach, wie süß." Das fällt aber nicht weiter auf, weil ich dafür eh nie der Typ war. Also meinen Kollegen fällt das nicht auf. Aber mir fällt es auf. Mir fällt auf, wie ich Situationen bewusst meide, weil sie mich runter ziehen könnten. Und dann fällt es mir in einigen Situationen doch schwer zu arbeiten. Wenn Eltern sich beschweren, dass ihr Kind wieder nasse Socken hat, weil es im Regen die falschen Schuhe anhatte. In solchen Situationen, auch wenn sie selten auftreten, muss ich mich zusammen reißen, um verständnisvoll zu bleiben. Ich wünschte mein Sohn hätte irgendwann nasse Socken. So schleppe ich mich durch die Wochen. Nach außen läuft alles glatt, bin ich unversehrt. Doch im inneren sieht es ganz anders aus. Meine Frau hat achtzehn Wochen Mutterschutz. Mutterschutz, ein interessantes Wort. Der Schutz der Mutter. Ja, ich habe das Gefühl, dass meine Frau geschützt werden muss. Aber ich glaube, dass dieses Wort ursprünglich einen anderen Schutz meint. Meine Frau und auch ich suchen im Moment Schutz vor dieser Welt. Wir sind ihr ausgeliefert und können uns nicht wehren. Ich habe das Gefühl, dass ich meiner Frau helfen muss. Wenn sie sieht wie ich weiter mache, wieder arbeiten gehe, dann macht sie sich um mich keine Sorgen. Eine Sorge weniger für sie. Aber wahrscheinlich ist zuhause sein auch eine unglaubliche Herausforderung. Meine Frau und ich gestalten gemeinsam das Grab. Wir setzen eine Holzumrandung. Sie sieht chaotisch aus. Total unprofessionell, aber das gefällt uns. Anfangs gehen wir oft gemeinsam auf den Friedhof. Wir entdecken immer neue Dinge, die auf Vince` Grab liegen. Das freut uns. Zwischen meiner Frau und mir läuft es augenscheinlich ganz normal. Was man halt in so einer Situation normal nennen kann. Doch ich glaube, wenn jemand von außen unsere Beziehung beurteilen müsste, er würde nicht auf die Idee kommen, dass wir gerade in einer schwierigen Phase stecken. Wie sollte das auch auffallen, wenn es uns selber nicht einmal auffällt. Wir sind wohl noch am realisieren, was da überhaupt passiert ist. Ich meine, wir wissen schon, dass unser Sohn nicht wiederkommen wird. Wir haben nicht die Hoffnung, dass dies alles ein böser Traum ist. Und doch habe ich das Gefühl, dass wir gerade in einer Schwebe hängen. Als würden wir einfach nur existieren.

„Ich will helfen. Ihr seid zwei der stärksten Menschen, die ich kenne. Ich habe das Bedürfnis zu helfen. Ich möchte euch ein Geschenk machen. Bitte behalte die nächsten Tage deinen Kontostand im Auge." Mit diesen Worten meines Bruders, am Rande einer Feier, begann wohl unser Seelenurlaub. Für uns ist es viel Geld. Und tatsächlich haben wir nur kurz darüber nachgedacht dieses, für uns beträchtliche Geldgeschenk, nicht an zu nehmen. Für kurze Zeit war es uns unangenehm, doch wir lernen in dieser Zeit auch, dass jeder auf seine eigene Weise hilft. Und wir erfahren ehrliche Hilfe. Ohne das Gefühl eine Gegenleistung erbringen zu müssen. Ja, Hilfe annehmen fällt schwer. Wir nehmen sie nicht an, wir lassen es einfach geschehen. Wir wissen schnell was wir machen wollen. Urlaub. Einfach weg. Weit weg. Dort hin, wo wir noch nie waren. Erst zwei Wochen Thailand und dann vier Tage Dubai. Ein Geschenk zum abschalten, erholen, Seelsorge. Und tatsächlich tut es uns gut. Alles läuft perfekt. Der lange Flug, vor dem meine Frau ein wenig Bammel hat. Das Hotel und der Ort sind wunderschön. Alles ist perfekt. Ein Paradies. Es tut uns, auf natürliche Art und Weise, einfach gut. Und Vince ist uns Nahe. Wir schreiben seinen Namen in den Sand, machen Fotos. Er ist dabei.

Wir vergessen nicht was passiert ist, aber soweit weg, von dem Ort, wo es passiert ist, können wir Kraft tanken. Während dem Urlaub habe ich Geburtstag. Meine Frau und ich sitzen um Mitternacht am Strand. Ihr Geschenk an mich? Nicht mehr oder weniger als ein Stern. Sie hat einen Stern nach unserem Sohn benannt. Was für eine tolle Idee. Vor Allem, weil man Kinder, die sehr früh aus dem Leben geschieden sind, Sternenkinder nennt. Es ist jetzt drei Monate her, dass unser Sohn von uns gegangen ist und gerade habe ich das Gefühl, dass wir damit Leben können, dass es wieder gut werden kann. Wir haben viel Spaß und lachen viel zusammen. In diesem Urlaub geht es uns gut. Und zum Abschluss, auch wenn es schwer fällt, aus diesem Paradies abzureisen, nochmal vier Tage Dubai. Ein interessantes Land und im Sommer so unglaublich heiß. Draußen aufhalten ist fast nicht möglich und wir hangeln uns mit der Metro quasi von Einkaufszentrum zu Einkaufszentrum. Doch dann neigt sich auch diese Zeit dem Ende zu. Ein Taxi holt uns am letzten Tag vom Hotel ab. Wir sind nicht wirklich bereit in die Realität zurück zu kehren und doch auf dem Weg. Der Taxifahrer ist nett. Plaudert mit uns auf Englisch. So erzählt er uns die Geschichte von einem Mann, der ein so teures Handy hatte, mit

Diamanten verziert, dass er wirklich dachte, dass es für ihn nichts wertvolleres gebe, als dieses Handy. Der Fahrer fragte den Mann damals, welchen Wert er seinem eigenen Leben zukommen lassen würde. Der Mann dachte nach und war den Rest der Fahrt sehr still. Er hat noch einige solcher Geschichten, denen wir gerne zuhören. Zum Beispiel von einem Mann, der partout bei grün nicht los fahren wollte. Als die Ampel zum dritten mal auf rot umschaltete entschied sich der Taxi Fahrer auszusteigen. Er klopfte bei dem Mann an die Scheibe und es stellte sich heraus, dass der Mann einfach aufgehört hatte zu atmen. Wahrscheinlich das Herz. Er war an dieser Ampel von Jetzt auf Gleich einfach gestorben. „Das Leben kann schnell vorbei sein", beendete unser Taxi Fahrer diese Geschichte. Und dann die Frage, ob wir schon Kinder haben. Mein Herz schlägt schneller. Mit dieser Frage habe ich nicht gerechnet. „Nein", antworte ich. Kein Einwand von meiner Frau. Ich denke sie fühlt dasselbe wie ich. Wir wissen mit dieser Frage, die so einfach erscheint, noch nicht umzugehen. Sekunden später korrigiere ich: „Also...... Unser Sohn ist verstorben," erkläre ich. „Er kam zu früh auf die Welt und ist nach zwei Tagen verstorben," füge ich noch hinzu. Der Taxifahrer fühlt mit uns. Ihm und seiner Frau sei ähnliches passiert und jetzt haben sie vier Kinder. Wir sind also keine Aliens. Es gibt andere mit ähnlichen Schicksalen. Dennoch fühle ich mich leer. Habe ich einen Sohn? Ich meine, andere sehen ihn nicht, aber ich spüre ihn. Eine simple Frage bringt mich an den Rande der Verzweiflung. Eine Frage, für die ich noch lange nicht bereit bin. Als wollte uns dieser Taxifahrer, hier in Dubai, sanft darauf vorbereiten, was da noch kommen wird. Jetzt, wo unser Urlaub für die Seele sich dem Ende neigt.

Rückblickend betrachtet war diese Taxi- Fahrt sehr besonders. Fast wie eine Art erste Therapie Stunde. Dieser Mann hat irgendwie auf charmante Art und Weise die Themen angeschnitten, die uns gerade beschäftigen. Von so vielen Taxi Fahrern hat uns gerade dieser Eine zum Flughafen gebracht.

## <u>S. O. S.</u>

*Vince*

*Dein Name fällt...*

*Mein Herz schlägt schneller.*

*Meine Augen füllen sich mit Tränen.*

*Würde gerne weg.*

*Weg aus diesem Raum.*

*Weg von diesem Planeten.*


*Wann immer dein Name fällt.*

*Dann falle ich.*

*Dann weine ich.*

*Wenn auch nur innerlich.*


Menschen, die auf einer einsamen Insel stranden machen ein Leuchtfeuer, um auf sich Aufmerksam zu machen. Die Voraussetzung für einen solchen Notruf ist wohl, dass man weiß, dass man in Not ist, dass man Hilfe braucht.

Ich bin wohl gerade gestrandet, doch weiß nichts davon. Ein Anzeichen dafür, dass es mir nicht gut geht ist, dass ich nicht mehr auf den Friedhof gehe. Am Anfang, als wir das Grab gemeinsam gestaltet haben, war das in Ordnung für mich. Nur jetzt möchte ich nicht mehr an diesen Ort. Am Grab unseres Sohnes wird sein Tod plötzlich real. Ich will diese Realität nicht haben. Meiner Frau fällt natürlich auf, dass ich den Friedhof meide. Doch sie lässt mir die Freiheit mich gegen diesen Ort zu entscheiden. Zumindest habe ich das Gefühl, dass sie mich nicht unter Druck setzt. Wie es ihr wirklich damit geht, weiß ich nicht. Ich beginne mich zurück zu ziehen. Ganz unmerklich. Doch, wenn ich ehrlich zu mir selbst bin, fällt es mir natürlich auf. Auch vermeide ich besuche bei meiner Schwägerin. Die Nichte meiner Frau ist gerade zwei Jahre alt. Ich kann sie im Moment nicht sehen. So wenig Probleme wie ich scheinbar auf der Arbeit mit kleinen Kindern habe, Privat kann ich das nicht. Auch das fällt natürlich meiner Frau auf. Doch sie lässt mich. Sie lässt mich sein. So sein wie ich im Moment bin. Ich ärgere mich oft über mich selbst. Jetzt kommt es doch dazu, dass meine Frau sich Sorgen macht, weil ich Orte meide, weil ich Personen meide, weil ich nicht bin, wie ich eigentlich bin. Und ich vergesse dabei manchmal wie es ihr wohl geht. Das sie auch Schmerz in sich trägt. Ich will der Starke sein und merke wie ich schwächer werde. Und dabei merke ich auch, wie schwer manche Dinge meiner Frau fallen. Doch aus meiner Sicht meistert sie die ganze Situation super. Besser als ich. Der erste Arbeitstag meiner Frau rückt immer näher. Sie wird in einer neuen Einrichtung anfangen, weshalb sie dort zuerst hospitieren muss. Eigentlich reine Formsache. Doch nach diesem Tag geht bei meiner Frau gar nichts mehr. Sie ruft mich gleich nach Arbeitsschluss an und weint. Sie kann das nicht. Sie kann noch nicht wieder arbeiten. Es ist zu früh, zu viel. Sie will es vielleicht, doch sie kann es nicht. Sie geht zu unserem Hausarzt, der sie erneut krank schreibt. Diesmal aber mit der Bitte sich Hilfe zu suchen. Und meine Frau möchte Hilfe. Dieser erste Arbeitstag war wie ein Weckruf für sie. Ein Ruf, dass es für sie ohne Hilfe nicht geht. Und wir haben Glück. Durch Zufall oder auch etwas anderes erfährt die Mutter meiner Frau von einem Kinderhospiz, dass auch verwaiste Eltern begleitet. Meine Frau nimmt Kontakt auf und ab diesem Zeitpunkt ist sie in Trauerbegleitung. Dieser Schritt schenkt mir ein Stück Erleichterung. In den darauf folgenden Tagen und Wochen habe ich das Gefühl, dass es ihr Stück für Stück besser geht. Ich frage nicht über was meine Frau in ihren Sitzungen spricht oder was dort passiert. Mir ist alleine wichtig, dass es ihr wieder besser geht. Doch die Sache hat einen kleinen und am Anfang unmerklichen Haken, der mit der Zeit immer sichtbarer wird. Meine Frau und ich stehen nicht mehr an demselben Fleck. Sie läuft weiter, während ich stehen bleibe.

*Ich komme von der Arbeit nachhause. Bin dünnhäutig, leicht gereizt. So wie öfters, ja fast immer in letzter Zeit. Ich merke es selber, aber was soll ich schon machen? Ja, meine Frau hat sich Hilfe gesucht. Sie macht Fortschritte. Besser gesagt, sie schreitet mir voraus. Ich bleibe stehen. Stehe in meinem Schmerz. Sie macht einen vorsichtigen Schritt auf mich zu: „Ich gehe morgen zum Vince, vielleicht wäre es ein erster Schritt, wenn ... ." Ich weiß genau was sie sagen will und unterbreche sie, bevor sie den Satz beenden kann: „Kannst du es bitte einfach sein lassen." Ein Klos rutscht mir in den Hals. Meine Augen füllen sich mit Tränen, doch ich halte sie zurück. „Was soll ich denn da? Wem bringt das etwas?" „Vielleicht bringt es dir etwas?" erwidert sie. Mit einem „Lass es einfach!" beende ich das Gespräch. Manchmal, da will ich gar nicht, dass der Schmerz verschwindet. Ich will nicht, dass es aufhört weh zu tun. Ich habe das Gefühl, dass es ohne Schmerz und Trauer einfach nicht geht. Doch keiner darf sehen wie ich leide, wie ich weine, wie ich innerlich kaputt gehe. Der Schmerz hält meinen Sohn am Leben. Ich spüre deutlich wie die Spannung in der Beziehung zu meiner Frau wächst. „Das wird schon wieder. Wir schaffen das." Wie oft habe ich diese Sätze in den letzten Wochen zu meiner Frau gesagt. Ich sollte an diese Sätze glauben. Doch langsam beginne ich zu zweifeln. Noch habe ich den Glauben, die Idee, das alles einfach so wieder gut wird.*

Ein paar Tage später sind wir bei meiner Schwägerin zu Besuch. Ja, diese Hürde habe ich gemeistert. Ich kann die Nichte meiner Frau wieder besuchen. Ich weiß nicht genau wie, aber als meine Frau mich fragte, ob ich mitkomme, bin ich einfach mit gegangen.

*Ich sitze am Tisch, körperlich zwar anwesend, aber geistig weit weg. Weil ich sonst auch eher ruhig bin fällt es nicht auf, glaube ich. „Wir können dann später ja nochmal gemeinsam zum Vince gehen." Dieser Satz meiner Frau, den sie zu ihrer Schwester sagt, holt mich wie ein Hammerschlag in die Gegenwart zurück. Ich höre dem Gespräch weiter zu. Rege mich nicht. Ich suche die Stopp Taste - finde sie nicht. Ich schreie – innerlich. Innerlich fluche ich: „Was soll das!? Sie reden über ihn, als wäre er noch hier. Als wäre es in Ordnung einfach seinen Namen laut aus zu sprechen. Wie können sie einfach über ihn sprechen? Das kann doch nicht sein. Er ist nicht mehr da, verstehen sie das nicht!? Er kommt auch nicht wieder. Er ist weg. Wie können sie einfach seinen Namen aussprechen?"*

Später gehen alle gemeinsam auf den Friedhof, um unseren Sohn zu besuchen. Ich fahre nach Hause.

Und mittlerweile merke ich wie ich Wut in mir trage. Ich würde sie, glaube ich, nie nach außen tragen, doch ich spüre wie sie wächst. Wenn ich Eltern mit ihren kleinen Kindern auf der Straße sehe macht mich das wütend. Auf wen genau oder was ich wütend bin kann ich gar nicht sagen. Ich kenne auch nicht mal die Geschichte dieser Menschen. Ich weiß nicht, ob sie vielleicht auch ein Kind verloren haben. Ich sehe sie nur mit ihren Kindern und denke mir: „Warum haben die so ein Glück?" Es geht mir nicht gut. Vor Allem vor mir selber kann ich es nicht mehr verleugnen.

## **Licht im Dunkeln**

Nichts werde ich sagen. Genau das habe ich mir vorgenommen. Vor ein paar Tagen hat meine Frau einen Wunsch geäußert. Und ich muss eingestehen, sie hat es auf eine wundervolle Art und Weise gemacht: „Schatz, ich kann von dir nichts verlangen und das tue ich auch nicht. Ich wünsche mir etwas von dir und ich weiß, dass Wünsche manchmal auch nicht in Erfüllung gehen und das ist auch in Ordnung. Ich wünsche mir, dass du mich mal zu einer meiner Sitzungen begleitest. Du musst nichts machen, nichts sagen. Du musst einfach nur mitkommen." Und ich glaube sie hat diesen Wunsch vorbereitet. Einige Tage zuvor lag ein Buch auf unserem Tisch. Ein Buch, welches sie bestellt hatte. Es handelte von Trauer und einem Weg wie man damit umgeht. Mit den Worten: „Ich habe mal dieses Buch bestellt, wenn du willst, kannst du mal darin blättern", lies sie es auf dem Tisch liegen. In der Folge las ich wirklich ein wenig darin. Dort standen Sachen, in denen ich mich wiederfinden konnte. Wahrscheinlich habe ich auch deshalb eingewilligt meine Frau zu begleiten. Eingewilligt mit dem Vorsatz in dieser

Sitzung nichts zu sagen. Einfach da zu sitzen, zu zuhören und danach wieder nachhause zu gehen.

Und ein paar Tage später ist es dann soweit. Ich lerne Claudia kennen. Claudia, die Frau mit der meine Frau seid einigen Wochen über unseren Sohn, über ihre Trauer und wahrscheinlich auch über mich spricht. Sie ist sehr herzlich. Nimmt mich zur Begrüßung in den Arm. Ich fühle mich auf Anhieb sehr wohl. Wir gehen ein Stockwerk nach oben. Meine Frau kennt sich aus und geht voraus. Wir kommen in einen Raum, der sehr viel Wärme ausstrahlt. Wir setzen uns in die Sessel. Nach ein paar Minuten kommt Claudia und setzt sich uns gegenüber. Sie beginnt mit meiner Frau zu reden. Wie es ihr seid dem letzten Treffen ergangen ist. Es gleicht einem kleinen Smalltalk und ich höre aufmerksam zu. Dann wendet sie sich an mich: „Weißt du, dass was euch passiert ist, ist das Schlimmste, was Eltern passieren kann. Euer Kind ist gestorben." Ich atme innerlich so tief durch, dass es sich so anfühlt, als würde es jeder auf dieser Welt wahrnehmen können. „DANKE!", denke ich. „Endlich spricht das mal jemand aus." Und nach diesem Satz ist mein Vorsatz, nichts zu sagen, komplett über Bord geworfen. Ich komme ins Reden. Darüber wie es mir geht, wie ich mich fühle. Ich kann wieder weinen. Mir erscheint diese erste Sitzung wie ein Türöffner. Jeder Satz von Claudia, mag er noch so unscheinbar zu sein, ist wohltuend. Sie redet über meinen Sohn, als hätte er einen Platz in dieser Welt. Als würde sie genau wissen, was meine Seele gerade braucht. Nach dem Gespräch fühle ich mich emotional unglaublich erleichtert. Ich habe mich so lange davor gesperrt über meinen Sohn zu reden. Jetzt bin ich froh, diesen Schritt für meine Frau gegangen zu sein. In den folgenden Wochen treffe ich mich sogar alleine mit Claudia, um mich in meiner Trauer begleiten zu lassen. Es tut mir unglaublich gut einfach mal Dinge aus zu sprechen, die ich sonst in mir vergraben habe.

Ende des Jahres beginnt dann unser Trauerkreis. Wir treffen uns einmal im Monat mit drei anderen Familien, die auch einen sehr frühen Verlust erlitten haben. Zum ersten mal höre ich ausführliche Geschichten von Menschen, denen ähnliches passiert ist. Wir weinen und reden viel über unseren Sohn. Über alles was uns bewegt. Und es tut gut sich aus zu tauschen. Zu merken, dass meine Reaktionen und Gefühle verstanden und geteilt werden.

*In unserer zweiten Trauerkreis Stunde ist das*

*Thema "der Weg". Es liegen mehrere Postkarten aus. Jeder von uns darf sich eine Postkarte, die ihm spontan zusagt, auswählen. Und dann, wenn er möchte, etwas über seinen Weg erzählen. Den Weg, den er bisher gegangen ist und all das was dazu gehört. Ich suche mir eine Karte aus, die einen alten Treppenaufgang zeigt. Der Treppenaufgang ist irgendwie verworren und bildet einen Kreis: „Ich habe mir diese Karte ausgesucht, weil sie ganz gut meine Gefühlslage widerspiegelt. Ich habe das Gefühl, dass ich Fortschritte mache, doch wie bei diesem Treppenaufgang komme ich immer wieder zum Ausgangspunkt. Der Punkt, dass es Scheiße ist. Es ist Scheiße, das mein Sohn Tod ist. Ich mache Schritte Vorwärts und komme dann doch immer wieder zu diesem Punkt." Wie nach jedem Trauerkreis fühle ich mich erleichtert. Ich merke wie ich mich zunehmend mit mir selbst auseinander setze. Vor Allem merke ich wie ich mir immer mehr Gefühle erlaube. Gefühle, die ich zumeist zum vermeintlichen Schutz meiner Frau, aber wohl eher aus Eigenschutz, verdrängt habe. In diesem Zusammenhang stoße ich auf einen tollen Satz:*

*"Jedes Gefühl hat das Recht gelebt zu werden."*

Ich merke, das meine Gefühle leben dürfen. Ich merke aber auch, dass ich irgendetwas brauche, um nicht immer wieder auf diesen Ausgangspunkt zurück geworfen zu werden. Was wäre der beste Weg, um meinen Sohn zu "erreichen"?

Ich werde ihm einfach schreiben:

## Briefe an meinen Sohn

### *Donnerstag, 11. Januar 2018*

*Ich suche nach einem Weg. Einem Weg Dir nahe zu sein. Einem Weg mit Dir in Verbindung zu treten. Ich denke jeden Tag an Dich. Trage dich um meinen Hals, auf meiner Haut. Doch ich will bei Dir sein. Dir Nahe sein. Vielleicht ist das hier ein Weg. Für dich zu schreiben. Seitdem ich mich damit auseinander setze, dass Du gegangen bist, dachte ich, dass es bergauf geht. Das ich besser damit zurecht komme. Doch in letzter Zeit hat sich dieses Gefühl wieder gedreht. Und mittlerweile habe ich Angst. Angst, dass die negativen Gedanken überwiegen. Angst, dass ich mein Lachen verliere. Angst, dass ich verbittert werde. Das ich keine Freude mehr finde. Manchmal verlasse ich mich zu sehr auf die Zeit. Das sie es schon richten wird. Doch, wenn ich nichts dafür tue, kann es die Zeit auch nicht richten. Immer, wenn ich ein positives Gefühl verspüre, komme ich doch immer wieder auf den Ursprung zurück. Der Ursprung, dass es Scheiße ist. Und dann finde ich keinen positiven Gedanken mehr.*

### *Sonntag, 21. Januar 2018*

*Weißt Du, manchmal habe ich das Gefühl in einem Sumpf zu stecken. Je mehr ich in Panik gerate, je mehr ich strampele, desto tiefer sinke ich. Wenn ich ruhig bleibe, mich an etwas positives klammere, dann komme ich da irgendwie heraus. Doch diese Momente sind zu selten. Ich habe Angst, dass ich tiefer sinke. Das ich keine Luft mehr bekomme. Das der Sumpf mich von allen Seiten erdrückt. Seitdem du auf diese Welt kamst habe ich jeden Tag an Dich gedacht. Und das klingt verrückt. Denn würde man einem Mensch sagen er soll eine Sache nennen, an die er jeden Tag denkt, die er nicht ständig sieht, dann wissen die meisten keine Antwort. Doch ich weiß es. Ich denke jeden Tag an Dich. In meinen Gedanken, in meinem Herzen bist du immer da. Es tut gut Dir zu schreiben.*

***Dienstag, 30. Januar 2018***

*Ich habe mich Dir heute so Nahe gefühlt wie schon lange nicht mehr. Heute war ein wunderschöner, sonniger Tag. Die letzten Tage war es nur grau. Ich bin im Moment krank geschrieben und habe einen Spaziergang gemacht. Und als ich da draußen war, die Sonne warm auf mein Gesicht schien, da habe ich Dich gespürt. Als würdest Du mir die Sonne schicken, um wieder gesund zu werden. Und dann.... Dann bin ich auf den Friedhof gefahren. Nach langer Zeit, nach vielen Monaten, in denen ich dein Grab nicht besuchen konnte, war ich heute mal wieder dort. Ich hatte es nicht geplant. Es war einfach der richtige Moment. Ich war Dir heute so unglaublich nahe. Das musste ich Dir jetzt einfach schreiben. Und das Schöne daran war, es war positiv. Ich habe Dich gespürt und war glücklich. Und dieses Gefühl hast Du verdient.*

***Montag, 05. Februar 2018***

*Gestern ist dein Groß- Opa, deine Mama würde sagen Tick- Tack Opa, verstorben. Als dein Opa mich anrief und es mir erzählte war ich traurig. Es ist ein Verlust. Er war ein toller Mensch, der immer für Blödsinn oder einen blöden Spruch zu haben war. Und obwohl die Nachricht schmerzhaft war, dachte ich dann: „Das ist in Ordnung." Vince, seitdem Du gegangen bist habe ich oft und viel über den Tod nachgedacht. Dein Groß- Opa hatte ein tolles und langes Leben. So traurig man auch ist, weil der Mensch nicht mehr da ist, so glaube ich auch, dass zu gehen, an einem gewissen Punkt, in Ordnung ist. Seitdem deine Groß- Oma gestorben war, hatte ich das Gefühl, dass dein Groß- Opa nicht mehr derselbe war. Ich hatte das Gefühl, dass er das Leben inzwischen sehr negativ wahrgenommen hat. Ich weiß nicht, was nach dem Leben passiert. Ich habe eine Idee, doch ich weiß es nicht. Anfangs und auch heute noch ab und zu, hat mich das fertig gemacht, weil ich wissen will wo du bist, wo dein Groß- Opa, deine Groß- Oma ist. Vor kurzem habe ich angefangen etwas positives darin zu sehen. Ich weiß nicht wo du, wo ihr jetzt seid. Weißt du was das Gute daran ist, dass ich es nicht weiß? Ich weiß es nicht! Das heißt, es ist alles möglich. Du kannst überall sein. An jedem Ort, den ich mir vorstelle. Das ist toll. Vielleicht begegnet ihr euch ja in irgendeiner Sphäre, in der Raum und Zeit keine Rolle spielen. Und ich glaube, wenn eure Seelen sich dort streifen, dann spürt ihr das. Und weil ich es nicht weiß, ist es möglich.*

***Dienstag, 27. Februar 2018***

*Es ist einige Zeit her, dass ich Dir geschrieben habe. Einiges ist passiert. Du wirst ein Geschwisterchen bekommen. Deine Mutter ist schwanger. Ich habe Deine Mutter sehr lange nicht mehr so glücklich gesehen. In mir geht viel vor. Was genau, erzähle ich Dir wann anders. Ich muss das Alles erst mal sortieren. Ich habe letzte Nacht von Dir geträumt. Und ich habe begriffen, dass ich auch in der Vergangenheit von Dir geträumt habe. Es ist komisch. Ich wache immer auf und habe das Gefühl, ich habe vergessen etwas zu erledigen. Ich schaue im ganzen Zimmer nach, aber finde es nicht. Irgendwas ist unerledigt. Ich weiß nicht was und finde es einfach nicht. Diesen "Traum", dieses Gefühl hatte ich schon sehr oft. Ich wusste nie, dass er mit Dir zu tun hat. Letzte Nacht hatte ich den Traum auch. Nur dann habe ich kurz gedacht, dass der Flügel, den ich aus Speckstein während dem Trauerwochenende für Dich gemacht habe, neben dem Bett steht. Und da habe ich gemerkt, dass diese Träume von dir, von meinen Gefühlen zu dir handeln. Auf einmal ist es ganz deutlich. Das musste ich Dir erzählen. Das Gefühl versagt zu haben ist immer noch sehr präsent. Ich glaube es wird nicht verschwinden. Du bist mir unglaublich nah.*

***Dienstag, 06. März 2018***

*Was ich heute fühle? Ich vermisse Dich! Ich vermisse dich einfach so sehr. Mehr bleibt heute nicht zu sagen.*

***Donnerstag, 08. März 2018***

*Ich habe mittlerweile sehr oft diesen Traum, von dem ich Dir schon erzählt habe. Auch letzte Nacht. Ich wache auf und suche. Ich muss Dir das einfach erzählen, weil ich weiß, dass es etwas mit dir zu tun hat.*

***Dienstag, 13. März 2018***

*Ich schreibe Dir oft, wenn es mir schlecht geht, wenn ich mich nicht gut fühle. Ich schreibe Dir wie sehr es weh tut, dass Du nicht mehr da bist. Der Schmerz wird immer bleiben. Er wird nie verschwinden. Doch ich will Dir auch erzählen wie stark Du mich machst. Wie Du mein Leben, mein Blick auf die Welt in nur 48 Stunden komplett verändert hast. Wenn ich wichtige Termine vor mir habe, dann beruhigst Du mich. Alles was noch kommt ist nichts im Vergleich zu dem was Du, was wir gemeinsam durch gemacht haben. Ich fühle mich stärker, weil keine Aufgabe schwieriger sein wird, als die Aufgabe, die wir gemeistert haben. Du bringst mir Ruhe. Es gibt kaum Dinge im Leben für die es lohnt sich auf zu regen. Du, und Deine, unsere Geschichte geben mir so viel. Es wird immer wieder Momente geben, an denen ich am Boden sein werde. Aber Du bist mehr als das. Nur im Schmerz zu leben wird Dir nicht gerecht. Du bist nicht nur Trauer und Schmerz. Du bist die Sonne. Du bist Erfüllung. Du bist pures Glück. Du bist mein Sohn. Alles, was Du mir gegeben hast, was Du mir gibst, sauge ich in mir auf. Es bleibt. Du bleibst!*

***Freitag, 30. März 2018***

*Heute ist ein wunderschöner Tag. Die Sonne scheint. Ich glaube jetzt kommt der Frühling. Du hast heute Geburtstag. Auf dem Weg zu Deinem Grab wurden meine Beine dann doch etwas schwerer. Ich habe Dir schon erzählt, dass Du ein Geschwisterchen bekommst. Ich möchte, dass Du weißt, dass wir nicht einfach so weiter leben. Es ist nicht einfach, doch wir können nicht nur trauern. Das würde Dir auch nicht gerecht werden. Du wirst bald ein großer Bruder sein und ich weiß, dass Du immer ein Auge auf dein Geschwisterchen haben wirst. Ich glaube ja, dass Du alles was schief laufen konnte auf Deine Schultern genommen hast, damit jetzt alles gut wird. Heute werden wir Dich feiern. Natürlich wird auch die ein oder andere Träne fließen, aber das ist in Ordnung. Manchmal muss auch ich traurig sein. Doch die Trauer kann nicht mein Leben bestimmen. Ich weiß, dass Du das auch nicht gewollt hättest.*

### *Montag, 01. April 2018*

*Heute vor einem Jahr mussten wir von Dir Abschied nehmen. Deine Mutter und ich haben uns heute einen schönen Tag gemacht. Uns ist heute nochmal klar geworden wie stark wir sind. Wie stark Du uns gemacht hast. Der Tag war in Ordnung. Gestern Abend, als ich auf dem Weg nach Hause war, musste ich an Dich denken. Es war schon dunkel. Der Mond war voll und schien ganz klar durch die Wolken. Ich habe daran gedacht wie es dir wohl ging in dieser Nacht. Das war die Nacht, wo es Dir Anfing schlechter zu gehen. Das hat mich traurig und ein wenig wütend gemacht. Ich habe daran gedacht wie ich vielleicht bei Dir hätte sein können. Als es anfing Dir schlechter zu gehen war ich nicht bei Dir. Alles ist so passiert wie es passiert ist. Trotzdem denke ich darüber nach. Gestern habe ich zum ersten mal versucht mich in Dich hinein zu fühlen. Ich hoffe nur Du hattest keine Schmerzen. Daran darf ich gar nicht denken. Danke, dass du da bist*

### *Donnerstag, 12. April 2018*

*Mit jedem Tag, der voran schreitet, rückt die Zeit, in der Du bei uns warst in weitere Ferne. Im Moment will ich das nicht. Ich würde gerne die Zeit anhalten, manchmal sogar zurück drehen. Doch es geht weiter. Ich habe einen schönen Gedanken gefunden. Ich werde für Dich immer ein Licht an lassen. Ein Licht, damit Du den Weg zurück findest. Und immer, wenn ich an Dich denke, wenn ich Dich fühle, dann findest Du zu mir zurück. Dieses Licht wird immer für Dich brennen. Du wirst es immer sehen. Es leuchtet für Dich.*

### **Mittwoch, 18. April 2018**

*Im Moment ist es schwierig für mich. Deine Mama macht das alles ganz toll. Ich habe das Gefühl, dass sie glücklich ist. Natürlich ist sie bestimmt auch oft traurig, doch ich glaube Dein Geschwisterchen gibt ihr einen positiven Antrieb. Ich sollte eigentlich hemmungslos glücklich sein. Mich freuen. Irgendwo in mir freue ich mich natürlich, bin glücklich, doch ich kann es nicht so zu lassen. Ich habe Angst, dass ich es nie kann.*

*Ich fühle mich, als würde ich Dich verraten. Ich vermisse Dich. Dein Licht brennt heller denn je.*

***Donnerstag, 26. April 2018***

*Ich hatte in letzter Zeit das Gefühl Dir nicht gerecht zu werden. Irgendwie keinem gerecht zu werden. Weißt Du, wir sind jetzt zu viert. Und jeder von euch hat seinen Platz, hat seine Zeit, die ich ihm widme. Deine Mutter und ich fahren nächste Woche für vier Wochen in Reha. Diese vier Wochen gehören Dir. Wir sind alle als Familie dort. Doch wir werden Dir sehr viel Zeit widmen. Ich denke, dass kommt jetzt zur richtigen Zeit. Vince, du bist Teil dieser Familie und wirst es immer sein.*

***Freitag, 04. Mai 2019***

*Gestern haben wir viele neue Geschichten von Menschen gehört, die auch ein Kind verloren haben. Es war sehr anstrengend. Ich habe viele Tränen vergossen, weil ich oft an Dich denken musste. Als Du auf die Welt kamst und ich das erste mal bei Dir war, habe ich Dir gesagt, dass ich jetzt da wäre und das jetzt alles gut wird, weil ich Dich beschütze. Ich habe wirklich alles gegeben. Vielleicht hieß das ja auch für Dich, dass du in Ruhe deinen Weg gehen konntest. Ich würde die Entscheidung, die Du getroffen hast, nie in Frage stellen. Ich bin sehr stolz auf Dich.*

*Montag, 21. Mai 2018*

*Du bist mir die letzten Tage, die letzten Wochen sehr nahe. Wie es aussieht wirst Du eine kleine Schwester bekommen. Eine Schwester, die stolz auf Ihren großen Bruder sein kann. Der Gedanke, dass du an einem Ort bist, an dem Dir nichts etwas anhaben kann, an dem Du unantastbar bist, ist ein schöner Gedanke. Aber ich vermisse Dich. Manchmal wünsche ich mir, dass es die Möglichkeit gibt, für einen Augenblick zu sterben. Für einen Augenblick bei Dir zu sein. Doch ich weiß, dass Du böse wärest, wenn ich zu früh bei Dir auftauchen würde. Es ist schwer von hier in Deine Welt zu gelangen. Doch in vielen Augenblicken gelingt es. Immer, wenn ich Dich spüre gelingt es. Und mich zu berühren schaffst Du oft. Ich hoffe, dass wird immer so bleiben.*

***Donnerstag, 24. Mai 2018***

*Gerade vermisse ich Dich unglaublich. Als Du gegangen bist und ich dich in meinen Armen hielt, hatte ich wohl noch nicht verstanden oder realisiert, dass Du gerade gehst. Jetzt fühle ich gerade wie ich Dich noch fester in meine Arme schließen möchte. Wie ich Dich halten möchte. Ich vermisse Dich so sehr. Ich habe das Gefühl ich hätte Dich in mir vergraben sollen. Dann wärst Du vielleicht nicht gegangen. Ich will Deine Nähe spüren. Will Dich in den Arm nehmen. Du fehlst mir so sehr. Als wäre ich nicht komplett. Weiß, dass ich Dich liebe, dich vermisse, dich bei mir haben möchte. Ich liebe Dich, mein Sohn.*

Meine Frau und Ich waren im Mai 2018 für vier Wochen in einer Reha für verwaiste Eltern. Speziell für Eltern, die einen sehr frühen Verlust erlitten haben. Wir hatten Glück. Ohne Unterstützung hätten wir niemals eine Genehmigung bekommen, geschweige denn erfahren, dass es eine solche Reha überhaupt gibt. Ich sage mit Absicht Glück, weil, als ich in diese Welt und Abläufe eingetaucht bin, in der Reha Maßnahmen genehmigt werden oder auch nicht, erschrocken bin. Sich nochmal intensiv mit dem Verlust unseres Kindes zu beschäftigen, hat uns unglaublich gut getan und uns so viel Kraft geschenkt. Wir haben so viele tolle Menschen kennengelernt. Menschen, zu denen wir heute noch Kontakt haben und die uns, vielleicht ohne es zu wissen, weitergeholfen haben. Ich musste in dieser Zeit aber auch erfahren was für ein Kampf es sein kann. Der Kampf um die Heilung seiner Seele. Vielen anderen Paaren wurde eine solche Reha Maßnahme verweigert. Weshalb, wissen wohl nur Krankenkassen und oftmals Rentenversicherung. Ich hatte immer den Eindruck, dass es um Geld geht. Und das erschreckt mich. Ich weiß nicht, welche Kriterien in den einzelnen Fällen angewendet werden. Ich kenne auch das genaue Prozedere nicht. Ich weiß nur, dass es der falsche Moment ist bei dem Tot eines Kindes zu feilschen. Ich habe Geschichten gehört, von Menschen, die mehrere Verluste erlebten und die keine Genehmigung für eine solche Reha bekommen haben. Wenn ein Kind mit dreizehn Monaten an einem Hirn Tumor stirbt, sollten die Eltern im Anschluss die bestmögliche seelische Betreuung bekommen. Das klingt für viele wohl einleuchtend, doch ich muss hier sagen, dass auch solche Fälle ihre Reha selbst finanzieren mussten. An dieser Stelle musste ich mir dieses Gefühl einfach von der Seele schreiben. Wir haben sogar so tolle Menschen und ihre Kinder kennengelernt, dass sie mich zu einem Gedicht inspiriert haben, dem ich hier gerne einen Platz schenken möchte:

### ***In jedem Moment***

*Ein letzter Atemzug...*

*Ein letzter Herzschlag...*

*Und dann...*

*Stille...*


*Du bist gegangen...*

*Ich halte deinen Körper.*

*Doch du bist nicht mehr da.*

*Sekunden- Minuten- Stunden.*

*Habe kein Zeitgefühl mehr.*

*Irgendwann ist mir klar, Du bist nicht mehr da.*

*Doch ich will deinen Körper nicht los lassen.*

*Dieses Gefühl... Dich berühren... Dich spüren...*

*Habe Angst es zu verlieren...*

*Und dann...*

*Eine Träne fließt die Wange hinunter.*

*Ein stummer Schrei - Schmerz.*


*Mit dem Wissen, dass wir alle dich vermissen*

*Hast du dich ganz leise aus dieser Welt geschlichen.*

*Nun ist dein Bett leer.*

*Auf deinem Stuhl sitzt auch niemand mehr.*

*An deiner Stelle herrscht jetzt Stille.*

*Du bist nicht mehr da.*

*Doch Halt! Nein! Stopp!*

*Das ist nicht wahr.*


*Nun sind wir Welten Wandler.*

*Immer auf der Suche nach dem einen Augenblick.*

*Der Augenblick, der uns dir Nahe bringt.*

*Der Augenblick, der die Tür zu deiner Welt einen Spalt öffnet.*


*Vielleicht ist Vince dieser eine Stern, der alle Wolken verdrängt.*

*Oder Lilly ein Lichtstrahl, der uns Glitzerwärme schenkt.*


*Vielleicht ist Kira die Sonne, die sich im Regen*

*biegt.*

*Oder Amelie ein einzelnes Blatt, dass sich sanft im Wind wiegt.*

*Wir finden dich in jedem Moment.*

*Vielleicht schickt Leni einen Schmetterling, der im Gras landet.*

*Oder Lola eine Wolke, die sich in einen Engel verwandelt.*

*Vielleicht ist es Eike, der uns als Leuchtturm den Weg weist.*

*Oder Leonard, der als Sternschnuppe durch die Nacht reist.*

*Dein Geruch... Dein Duft... dein Lachen...*

*Es gibt so unglaublich viel zu vermissen.*

*Aber auch jede Träne, jeden Schmerz, jeden Schrei.*

*Nichts davon will ich vergessen. Denn sie sind Teile von dir.*

*Also auch Teile von mir.*


*Deinen Körper musste ich los lassen.*

*Deshalb mein Kind lass dir eins sagen.*

*Bis wir uns wiedersehen, werde ich dich immer im Herzen tragen.*

*Denn als du gingst war ich noch nicht soweit.*

*Doch vielleicht, mit der Zeit, bin ich langsam*

*bereit.*

*Weil ich weiß...*

*Unsere Liebe reicht von Ewigkeit zu Ewigkeit.*

*Und wenn wir uns ab und an selbst verlieren.*

*Dann zünden wir ein Licht an.*

*Damit unser Engel den Weg besser finden kann.*

Auch wenn es für die, die hier bleiben, Schmerz bedeutet, glaube ich, dass es okay ist aus dieser Welt zu gehen. Dort wo unsere Kinder jetzt sind, sind sie unverwundbar. Für unsere Kinder war es einfach zu gehen, weil sie all die Liebe gespürt haben. Wer geliebt wird, kann leicht los lassen. An dieser Stelle bedanke ich mich bei allen, die einen Teil unseres Trauerweges mit uns gegangen sind.

### *Donnerstag, 07. Juni 2018*

*Im Moment fällt es mir unglaublich schwer in dieser Welt zu leben. Mich über belanglose Dinge zu unterhalten, meinen Beruf zu machen. Das alles fällt mir schwer, weil Du mir eine andere Welt gezeigt hast. Eine Welt, die mir besser gefällt. Vor kurzem ist mir wieder etwas klar geworden. Etwas, dass ich vorher nicht gesehen habe und was Deine Mutter sicher nicht hören möchte. Du hast Mama gerettet. Du hast sie geheilt, gesund gemacht. In dem Du auf die Welt kamst, hast du Sie gerettet. Du weißt auch, dass sie für Dich ihr Leben gegeben hätte. Doch Du hattest einen anderen Plan. Vor kurzem habe ich mir zum ersten mal Sorgen um deine Schwester gemacht. Deiner Mutter ging es nicht gut und da war die Gefahr, dass das alles wieder passiert. Doch mein Moment der Angst war nur kurz, weil ich weiß, du passt auf sie auf. Und ich werde nicht mehr an deinen Beschützer*

*Qualitäten zweifeln. Sollte das Leben die Idee haben uns nochmal vor so eine schwierige Aufgabe zu stellen, dann soll es ruhig kommen. Soll es doch versuchen. Wir sind zu stark dafür. Noch deutlicher als früher weiß ich, dass Du irgendwo bist. In irgendeiner Welt, in die ich nicht gelange, aber vielleicht gibt es irgendwann die Möglichkeit irgendwie Kontakt zu Dir aufzunehmen. Dieser Moment wird kommen.*

### *Sonntag, 17. Juni 2018*

*Ich lese zur Zeit ein Buch. Ein Buch das mir zeigt, wo Du jetzt sein könntest, was mit Dir passiert. Es fällt mir schwer mit jemandem darüber zu reden, weil man dafür offen sein muss. Du hast für mich viele Lebensfragen, die ich hatte und, die, glaube ich, jeder Mensch mal hat, diese Fragen hast Du für mich geklärt oder zumindest eine Idee für die Lösung geliefert. Fragen wie der Sinn nach dem Leben und vieles mehr. War das Deine Aufgabe in dieser Welt? Ich träume wieder sehr oft von Dir. Ich wache auf und muss mich orientieren. Als wüsste ich nicht wo ich bin. Ich glaube, dass zeigt die Suche nach Dir. Jetzt, wo ich weiß, dass Du noch irgendwo bist, will ich noch mehr nochmal Kontakt zu Dir aufnehmen. Du fehlst mir hier. Eins wollte ich noch sagen. Bestimmt waren die anderen Groß- Omas und Groß- Opas sehr verwundert, dass Du schon so früh bei Ihnen aufgetaucht bist. Aber sie haben es bestimmt verstanden.*

***Sonntag, 24. Juni 2018***

*Heute ist Julia auf Mallorca angekommen. Das heißt, jetzt sind alle hier. Ich habe mich gefreut. Freue mich immer noch. Doch es sind eben nicht alle hier. Du fehlst. So sehr ich auch weiß, dass es Dir gut geht, vermisse ich Dich hier bei uns. Wir werden hier, in dieser Welt, nie komplett sein.*

***Sonntag, 22. Juli 2018***

*Es ist jetzt etwas über ein Jahr her, das Du dich entschieden hast diese Welt wieder zu verlassen. Alleine dieser Satz zeigt, wie weit Du mich seither gebracht hast. Damals, in diesem Moment, warst Du einfach weg. Du warst fort und da war nichts als Schmerz. Ich wollte auch nicht hören, dass es wieder gut wird. Damals wollte ich auch nicht, dass es wieder gut wird. Ich wollte nicht, dass ohne Dich irgendwas gut ist. Nichts könnte je wieder gut sein, weil ich Dich, meinen Sohn, habe gehen lassen müssen. Ich fühlte mich, als hätte ich versagt. Als hätte ich meine Aufgabe als Vater nicht erfüllt. Und Ja, dieses Gefühl habe ich auch heute noch ab und an. Doch heute weiß ich, dass Du deine Entscheidung getroffen hast. Und heute weiß ich, dass Du nicht weg bist, sondern in einer anderen Welt. Das Du gegangen bist hat mich kaputt gemacht. Aber ich glaube, dass ist ganz normal. Und damals habe ich auch nicht gemerkt wie mich deine Entscheidung innerlich zerstört hat. Das habe ich erst später gemerkt. Jetzt, wo es mir wieder besser geht, merke ich es ganz deutlich. Das ich heute hier sitze und sagen kann, dass es mir besser geht, hat mich viel Kraft gekostet und kostet jeden Tag viel Kraft. Doch es lohnt sich, weil Du es Wert bist. Würde ich zerbrechen, würde ich damit Dich und deine Entscheidung in Frage stellen. Und das werde ich nie tun. Lange Zeit habe ich nicht eingesehen, dass ich Hilfe brauche. Es fällt schwer sich so etwas ein zu gestehen. Doch es war so. Und ich habe Glück gehabt. Die vielen Menschen, die ich durch Dich kennengelernt habe, die mir geholfen haben. Sie haben mir das Leben gerettet. Doch so gut ich auch damit klar komme, dass Du gegangen bist. Es gibt immer Momente, in denen ich Dich vermisse, in denen es mir schlecht geht, weil ich bei Dir sein will. Aber ich glaube es wäre schlimm, wenn es diese Momente nicht geben würde. Ich verstehe jetzt auch, warum Du nicht mal für einen kurzen Moment als Besucher bei uns vorbei schauen kannst. Würdest Du das tun, würde ich Dich nie wieder gehen lassen. Deshalb versuche ich jetzt immer auf deine Zeichen zu achten. Weil ich weiß, dass Du immer da bist. Ich liebe Dich!*

***Samstag 04. August 2018***

*Heute habe ich das Bedürfnis Danke zu sagen. Es sind viele Monate her, seitdem Du in diese andere Welt gegangen bist. Das was Du mit mir, mit meiner Persönlichkeit und meinem Blick auf die Welt machst ist nicht in Worte zu fassen. Es macht alles Sinn. Danke dafür.*

***Samstag, 18 August 2018***

*An dieser Stelle möchte ich Dir einfach danken. Danke, dass Du mir die Möglichkeit gegeben hast zwei Tage an Deiner Seite zu kämpfen. Es hätte so vieles anders laufen können. Du hättest zum Beispiel früher gehen können. Danke, dass Du mir diese andere Welt, die jetzt Deine ist, jeden Tag näher bringst. Du weißt, dass ich Dich jeden Tag vermisse. Aber mein Stolz und die Dankbarkeit sind derzeit so stark.*

Es ist Samstag. Ich habe mich mit Freunden verabredet. War morgens schon Sport machen. Es geht mir gut. Ich verlasse die Wohnung. Mit der Bahn auf dem Weg in die Innenstadt. Und plötzlich merke ich, dass es mir heute doch nicht so gut geht. Ich vermisse ihn schrecklich. Und jetzt bin ich dieser großen Welt ausgeliefert. Zuhause, geschützt vor allen anderen, da war ich noch sicher. Doch jetzt, wo ich diesen Raum des Schutzes verlassen habe, merke ich wie mich meine Stimmung runter zieht. Unbeirrt setze ich meinen Weg fort. Ich höre Musik, die mich meinem Sohn Nahe bringt. Das hilft. Ich bin zwar traurig, doch gleichzeitig ihm so nah. Mit meinen Freunden lenke ich mich ab. Das Ablenkung in Ordnung ist, mir aber nicht hilft, habe ich mittlerweile gelernt. Das Treffen ist vorbei. Alleine wieder da draußen ist die Traurigkeit wieder da. Ich steige aus dem Bus aus. Noch ein kleiner Fußweg, dann bin ich wieder daheim. Ich laufe, schaue suchend in den Himmel. Und dann.... An diesem Elektrokasten.... Ein Engel. Ein in schwarzer Farbe aufgesprühter Engel. So oft bin ich diesen Weg gelaufen und nie ist er mir aufgefallen. Und jetzt, wo ich meinen Sohn so sehr vermisse, ist dieser Engel auf einmal da. Dieses Symbol, dass mich Vince Nahe bringt. Ich bleibe stehen, zücke mein Handy, mache ein Foto. Ich lache. Da ist er also. Seine Wege mir Zeichen zu senden sind unglaublich. Mir geht es besser und ich laufe die letzten Meter nach Hause.

Nein, ich glaube nicht, dass mein Sohn auf wundervolle Art und Weise mit einer Spray Dose bewaffnet in diese Welt zurück gekehrt ist und diesen Engel auf den Elektrokasten gesprüht hat. Aber darum geht es auch nicht. Ich bin diesen Weg schon tausende Male entlang gelaufen. Und jetzt, in dem Moment, in dem es mir schlecht geht, weil mein Sohn gestorben ist, fällt er mir plötzlich auf. Genau in diesem Moment bin ich aufmerksam dafür. Natürlich kann es tausend Gründe geben, weshalb ich gerade jetzt für diesen Engel aufmerksam bin. Doch ich habe ihn gesehen und ihn sofort mit meinem Sohn in Verbidnung gebracht. Und schlagartig ging es mir besser und dieser Grund gefällt mir. Warum sollte ich nach anderen Gründen suchen. Zum Abschluss unserer vierwöchigen Reha haben wir mit allen Familien ein Ritual abgehalten. Während den vier Wochen hat jede Familie ganz individuell einen Stein bemalt. Diese Steine haben wir dann zum Abschluss in einen Steingarten gelegt. Währenddessen haben wir noch, von uns ausgesuchte Lieder gehört. Das ganze Ritual dauerte also einige Minuten. Weil wir zum Abschluss noch Luftballons steigen lassen wollten, bestand die Gefahr, dass einige mit Helium gefüllte Ballons aufgrund der Wärme zerplatzen würden. Tatsächlich zerplatzten nur ein oder zwei Ballons. Und diese zerplatzten sogar bevor wir überhaupt angefangen hatten. Wir sitzen also auf Holzblöcken um unsere bemalten Steine im Steingarten. Jede Familie mit einigen Luftballons an Schnüren in der Hand. Es ist sehr emotional. Es wird viel geweint. Als das Lied beginnt, das meine Frau und Ich uns ausgesucht haben, überkommt es uns auch. Wir beginnen zu weinen. Plötzlich platzt einer unserer Ballons. Nicht vorher. Nicht nachher. Genau bei unserem Lied. Ja, es kann auch hier wieder alles Mögliche gewesen sein. Die warme Luft oder sonst etwas. Aber auch in diesem Fall ging es wieder nicht darum, was den Ballon vielleicht zum platzen gebracht haben könnte. Sondern es geht um das, was meine Frau und ich in diesem Moment gefühlt haben. Ich schaute sie an und sagte: „Du weißt wer das war!?" Mit Tränen in den Augen und einem Lächeln im Gesicht antwortet sie: „Ja, das weiß ich." Diese "Zeichen" wie ich sie nenne, haben irgendwann abgenommen. Irgendwann sind sie ganz verschwunden. Ich glaube, weil ich sie nicht mehr gebraucht habe. Ich brauche keine Zeichen mehr, um mich an meinen Sohn zu erinnern oder um mich zu trösten. Doch in dieser Phase waren sie unglaublich wichtig und haben mir so gut getan. Ich glaube Zeichen sind nichts was von außen kommt. Es ist das, was in unserem Inneren geschieht.

*Dienstag, 04. September 2018*

*In letzter Zeit schien es mir manchmal eine gute Option einfach auf zu geben. Einfach innerlich zu zerbrechen. Das wäre so schön einfach. Ich denke Du hast meine innere Zerrissenheit gespürt. Ich frage mich, ob das immer so bleiben wird!? Diese Phasen... Ich habe Deine Zeichen übrigens wahr genommen. Danke. Es geht mir jetzt wieder besser. Ich habe mich wieder sortiert. Das Leben kann ruhig kommen.*


Es ist an der Zeit. Wahrscheinlich wird bald unsere Tochter Lia auf die Welt kommen. Ja, wir haben uns für den Namen Lia entschieden. Wie bei unserem Sohn lief die Namensfindung relativ unkompliziert von statten. Irgendwie kam ich auf den Namen und meine Frau fand ihn auch gut. Im Irischen heißt der Name so viel wie "Heilerin".

Aber er stammt auch von dem Namen "Leo" wie "Löwe" ab. Wir fanden das im Nachhinein, als wir die Bedeutung erfuhren, sehr passend. Und jetzt ist es an der Zeit das Kinderzimmer her zu richten. Streichen, Möbel aufbauen. Wir haben uns dazu entschieden das Kinderzimmer, dass wir für Vince gekauft haben, auch für unsere Tochter zu verwenden. Und die ganze Zeit dachte ich, dass es kein Problem werden würde. Ich habe das Zimmer ab geklebt, Farbe besorgt. Ich tauche die Pinsel Rolle in die Farbe und setze an der Wand an. Und plötzlich erstarre ich. Ich lasse die Rolle sinken. Ich kann das nicht. Ich gehe ins Wohnzimmer, wo meine Frau auf der Couch liegt. Ich lege mich zu ihr: „Ich kann das nicht.., Ich dachte es geht ganz einfach, doch es ist nicht einfach. Das ist sein Zimmer." „Du musst das nicht jetzt machen. Wir können das auch wann anders machen", erwidert meine Frau. Ich bleibe einige Zeit bei ihr liegen. Nach ein paar Tränen finde ich meine Kraft wieder. Ich gehe ins

Kinderzimmer und beginne zu streichen. Vince würde sich freuen, wenn seine Schwester sein Zimmer bekommt.

*Freitag, 28. September 2018*

*Oft habe ich Angst, dass Du in Vergessenheit gerätst. Weil mit jeder Sekunde, die vergeht, der Tag, an dem Du bei uns warst in weitere Ferne rutscht. Doch Du bist immer da. Wie gerne würde ich Dir noch einmal gegenüber stehen. Nur damit ich Dir Danke sagen kann.*

*Mittwoch, 17. Oktober 2018*

*Heute ist deine Schwester Lia in dieser Welt angekommen. Aber ich denke, dass weißt Du. Ich glaube sogar, dass Du sie in diese Welt begleitet hast. Und sie hat wahrscheinlich den engsten Kontakt zu Dir. Vince und Lia. Das klingt toll.*

*Heute habe ich den Gang gesehen, der zu dem Raum führte, in dem Du lagst. Eine Zeit lang war ich wie erstarrt. Aber das war auch toll, weil Du da warst. Du bist ein toller großer Bruder.*

### *Dienstag, 18. Oktober 2018*

*Wo war der Applaus für Dich? Wo waren die Glückwünsche als Du geboren wurdest? Da waren keine, oder kaum welche. Nur Beileid als du gingst. Das macht mich ein wenig wütend. Auf die anderen, aber wohl am meisten auf mich. Denn Ja, ich gehe mit der Geburt deiner Schwester anders um. Bei Dir habe ich kaum jemandem ein Bild geschickt. Das tut mir leid. Auch, weil ich weiß, dass dort wo Du bist, solche Dinge wie Anerkennung oder Stolz keine Rolle spielen. Du bist uns voraus. Ich liebe dich.*

„Jetzt ist ja alles wieder gut." Wir haben diesen Satz, so in dieser Form, nie gehört. Nicht Wort für Wort. Vielleicht raus gehört, ein wenig versteckt. Vielleicht, weil wir auch das Gefühl hatten, dass andere Menschen das denken. Wir müssen sie enttäuschen. Auch wenn sie es mit Sicherheit gut gemeint haben. Nein, es ist nicht alles wieder gut. Unsere Tochter ist jetzt da und wir sind überglücklich. Doch unser Sohn ist immer noch tot. Der Schmerz verändert sich mit der Zeit, aber er bleibt. Mal stärker, mal schwächer. Aber er gehört mir. Ich habe mich lange mit ihm beschäftigt und möchte ihn nicht abgeben oder das ihn mir jemand abnimmt. Dieser Schmerz erfüllt eine Aufgabe. Am Anfang meiner Trauer hat er den Platz meines Sohnes eingenommen. Heute teilt er sich diesen Platz mit ganz viel Liebe. Beide haben ihre Daseins Berechtigung.

**Mittwoch, 24. Oktober 2018**

*Seitdem Lia da ist spüre ich, wie sehr wir für Dich kämpfen müssen. Sie sehen alle nur Deine Schwester und wir müssen sie an Dich erinnern. Sie hat uns die Aufgabe mitgebracht für Dich, für die Erinnerung an Dich, zu kämpfen. Das werde ich bis zu meinem letzten Tag, bis wir uns wiedersehen, tun. Das ist meine Aufgabe. Für meine Kinder zu sorgen. Es ist toll, dass deine Schwester da ist, doch ich war auch vor ihr schon ein Papa. Das vergessen viele. Dir ist das nicht wichtig. Doch mir ist es wichtig, weil ich unglaublich stolz auf Dich bin.*

*Samstag, 03. November 2018*

*Vor kurzem hatte ich wieder ein kleines Tief. Dann denke ich immer: „Wie einfach wäre es doch einfach kaputt zu gehen." Aber das sind nur Momente. Ich sehe dich in deiner Schwester. Das ist toll. Ich glaube Du merkst wie sehr der Fokus gerade auf ihr liegt. Und Du weißt, dass sie das braucht. Es ärgert mich nicht, dass sie so viel Aufmerksamkeit bekommt. Das braucht sie. Das verdient sie. Doch Du hast das auch verdient. Durch sie bist du für mich noch viel präsenter. Nur sehen das die anderen noch nicht. Doch ich kämpfe für Dich. Ich werde mir in Zukunft wieder mehr Zeit für Dich nehmen.*

***Sonntag, 25. November 2018***

*Ich träume sehr oft von Dir. Ich wache auf bzw. Wache nicht auf und suche etwas. Etwas, das ich noch erledigen muss. Ich weiß, dass dieses Gefühl von Dir handelt. Heute morgen war ich draußen. Ein wunderschöner Morgen. Die Sonne schien durch die Bäume, leichter Nebel lag noch in der Luft. Und Du warst da. Ich habe Dich deutlich gespürt. Ich will noch, dass Du weißt, dass ich auch für Dich gekämpft hätte, wenn Du hier geblieben wärst. Aber ich kämpfe natürlich auch jetzt jeden Tag für Dich. Ich denke, dass spürst Du auch.*

***Sonntag, 09 Dezember 2018***

*Vielleicht bin ich einfach kein guter Vater!? Ich denke, das ist möglich....*

*Montag, 24. Dezember 2018*

*Es gibt Tage, so wie heute, da tut es besonders weh. Tage, an denen Du besonders fehlst. Doch dieser Schmerz ist Teil von mir. Du bist ein Teil von mir. In all deinen Farben und Facetten. Dennoch schmerzt es. Manchmal, da sind die Tage, Momente anstrengend.*


*Samstag, 26. Januar 2019*

*Wir haben sehr lange gebraucht, um mit der Frage nach Dir umzugehen. Jetzt können wir es. Andere können es noch nicht. Werden es vielleicht nie können. Aber du spürst das. Du bist weiter als wir.*

***Donnerstag, 21. Februar 2019***

*Ich bin vielleicht gerade in eine etwas passivere Rolle gerutscht, was uns zwei angeht. Vielleicht lässt Du ja ein Licht für mich an, damit ich den Weg besser finden kann. Unsere Rollen verändern sich gerade. Du bist voraus und bringst mir vieles bei. Ich muss mich von der Vorstellung verabschieden Dir alles beibringen zu müssen, wie ein Papa das vielleicht tun sollte. Du zeigst mir die Welt, nicht umgekehrt.*

*Samstag, 30. März 2019*

*Happy Birthday!*

*Heute haben wir Deinen zweiten Geburtstag gefeiert. Danke für den sonnigen Tag. Ich habe geweint, gelacht, mich gefreut. Und das alles in vollen Zügen. Du hast großartiges in Gang gesetzt. Wir werden Deine Geschichte weiter tragen und sie in die Welt schreien. Ja, die Zeit läuft und manchmal da ärgert sie mich. Doch sie kann nichts dafür, denn sie macht nur gewissenhaft ihren Job. Und den macht sie verdammt gut. Ja, ich weiß, das auch unsere Beziehung sich weiterentwickeln wird. Manchmal da macht mir das Sorgen. Doch ich bin auch sehr gespannt. Unsere Geschichte ist noch lange nicht zu Ende.*

*Samstag, 20. April 2019*

*Das Leben ist schön! Und das liegt auch an Dir. Ja, wenn es mir sehr gut geht, dann hinterfrage ich das. Ob ich das darf? Ich bin misstrauisch. Doch Ja, das Leben ist schön. Der Schmerz ist noch da. Doch da gibt es etwas, dass es tragbar macht. Ich möchte gar nicht, dass mir jemand den Schmerz weg nimmt. Ich will ihn behalten. Er gehört uns. Er ist nicht alles, aber er gehört dazu. Und das soll auch so bleiben. Im Moment geht es mir einfach gut.*

*Montag, 27. Mai 2019*

*Es ist schön zu sehen wie die ganze Familie mit deiner Schwester umgeht. Wie viel Liebe sie ihr schenken. Aber gerade in diesen Momenten, wenn einer der Familie mit ihr spielt, mit ihr lacht, sie im Arm hat. In diesen Momenten vermisse ich Dich sehr. Ja, wenn ich sie ansehe, sehe ich auch manchmal Dich. Mit der Nachricht, dass Du in diese Welt kamst hat sich so viel Liebe in unserer Familie entwickelt. Mit deiner Entscheidung zu gehen, wusste unsere Familie wohl nicht wohin mit ihren Gefühlen. Genau wie ich es auch nicht wusste. Durch deine Schwester findet die ganze Liebe jetzt einen Abnehmer. Dank Dir erhält sie so viel Liebe. Und dennoch fehlst Du hier. Es gibt immer wieder kleine Momente, in denen es so deutlich wird.*

*Mittwoch, 29. Mai 2019*

*Du hast wohl jemanden kennengelernt. Gestern ist dein anderer Groß- Opa gestorben. Er hatte zweiundachtzig tolle Jahre, wenn ich das so beurteilen kann. Er war immer sehr aktiv und hat früher immer Fahrradtouren mit mir gemacht. Und am Ende seines Lebens saß er einfach nur noch gerne in der Sonne. Sein Körper wollte nicht mehr und ich hatte das Gefühl er wollte gehen. Ein Satz, den er vor ein paar Monaten gesagt hat, ist mir im Kopf geblieben. Auf die Frage wie es ihm geht, antwortete er: „Der Tod sucht seine Ursache." Er sagte das mit einem Lachen. Er war ein toller Mensch. Jetzt darfst Du ihn kennenlernen. Vince, irgendwann sehen auch wir uns wieder. Ich freue mich darauf.*

*Freitag, 21. Juni 2019*

*Ich träume im Moment wieder sehr viel. Verrückte Träume von toten Babys. Ich träume, dass deine Schwester leblos neben mir im Bett liegt. Diese Träume sind anstrengend. Ich weiß, dass auch Du weitergehst. Doch ich habe Angst, dass Du dich noch weiter entfernst.*

*Sonntag, 07. Juli 2019*

*Ich ärgere mich. Ich wollte Dir schon vor ein paar Tagen schreiben. Ich wollte Dir schreiben wie gut es mir geht. Wie glücklich ich im Moment bin. Doch ich wollte Dir auch schreiben, dass ich mir ein wenig Sorgen um deine Schwester mache. Ich mache mir Sorgen, dass ich ihr unbewusst ein schweres Paket zu tragen gebe. Ich versuche das zu vermeiden. Es ist eine besondere Familiensituation. Du, als Bruder, den sie nicht sieht, der aber da ist. Doch ich schreibe Dir heute. Und heute ging es mir nicht gut. Ich schlafe in letzter Zeit nicht gut. Wache oft Nachts auf und suche meine Kinder. Ich habe das Gefühl Lia liegt neben mir im Bett und ich habe Angst sie zu verletzen. Dabei liegt sie neben deiner Mutter in ihrem Bett. Dann suche ich Dich. Seit langer Zeit hatte ich mal wieder einen schlechten Tag. Diese Tage sind nicht schön, doch sie gehören dazu. Würde es mir besser gehen, wenn alle Tage nur noch glücklich sind? Ich denke nicht. Denn das Du gegangen bist hat mir weh getan. Es hat geschmerzt un schmerzt immer noch. Auch der Schmerz hat seine Daseins Berechtigung. Ich hätte ein schlechtes Gewissen, wenn es mir nur noch gut gehen würde. Ich weiß, dass würdest DU gerne sehen. Aber ich denke, dass Du mich verstehst. Ich vermisse und liebe Dich!*

## **Heute**

Ich wurde mal gefragt, ob ich nach dem Tod meines Sohnes an Selbstmord gedacht habe. Eine schwierige Frage. Nein, ich habe nicht daran gedacht mir selbst das Leben zu nehmen. Ja, ich habe daran gedacht zu sterben. Ich habe viel über den Tod nachgedacht. Darüber, was bei diesem Prozess passiert. Wie es danach weitergeht. Darüber wo mein Sohn jetzt ist. Ich habe meine Antworten gefunden. Besser gesagt, ich habe eine Idee entwickelt wie es sein könnte. Eine Idee, die mir Ruhe verschafft. Manchmal, da war der Gedanke verlockend, jetzt zu sterben. Wie gesagt, ich war nicht Selbstmord gefährdet. Dafür hielt und hält mich zu viel in dieser Welt. Vor Allem in der schwierigen Zeit hatte ich immer das Gefühl, dass meine Frau mich braucht. Aber vielleicht habe ich auch einfach sie gebraucht. Doch da war noch ein Gedanke, der über allem stand: „Was würde mein Sohn sagen, wenn er mich "jetzt" schon wieder "sehen" würde?" Ihr merkt, ich glaube fest daran ihn wieder zu sehen. Wobei sehen wahrscheinlich das falsche Wort ist. Ihn wieder spüren passt wohl besser. Ich hätte jedes Recht auf zu geben. Jedes Recht mein Leben weg zu werfen. Das Wissen, dass ich dieses Recht habe, befriedet mich. Es gibt mir Ruhe, weil es eine weitere Wahlmöglichkeit ist. Eine Wahlmöglichkeit, die ich bisher nicht genutzt habe, vielleicht auch nie nutzen werde, aber ich weiß, dass sie da ist. Lange Zeit hatte ich das Gefühl nicht wählen zu können. Ich musste und wollte einfach funktionieren. Einfach weitermachen. Auch heute halte ich manchmal noch inne, wenn ich glückliche Momente erlebe. Für einen kurzen Moment denke ich, das ich nicht glücklich sein darf. Mein Kind ist gestorben. Wie könnte ich je wieder lachen? Doch ich kann es und es ist in Ordnung. Es wieder zu können hat mich viel Kraft und Tränen gekostet. Es hat sich gelohnt. Ich kann heute an meinen Sohn denken. Ich denke an ihn in Trauer und in Freude. Auf meinem Weg bin ich dem Tod begegnet. Unsere Begegnung war intensiv und emotional. Als mein Sohn starb ist wohl auch ein Teil von mir gestorben. Vielleicht wollte ich ihm auch einfach einen Teil von mir mitgeben. Doch ich sehe den Tod mittlerweile als eine Art Begleiter. Ein Begleiter in eine andere Welt. Mein Sohn ist gestorben und das ist in Ordnung.Vielleicht macht es sogar Sinn. Ein unglaublicher Satz. Als er gegangen ist und auch noch in der Zeit danach hätte ich nicht mal im entferntesten an diese zwei Sätze geglaubt. Doch wer bestimmt was ein Leben ist? Wie lange es dauert? Wann ein Leben lebenswert ist? Ich glaube, das bestimmt jeder für sich selbst. Genau wie mein Sohn. Ich würde sein Leben nie in Frage stellen. Ganz im Gegenteil. Ich denke mittlerweile sogar, dass er sein Leben ziemlich perfekt gestaltet hat. Er hat sich das genommen was er gebraucht hat. Dafür hat er nur zwei Tage gebraucht. Er hat es gefunden und ist wieder gegangen. Und er hat alles dafür getan, um uns den Abschied so angenehm wie möglich zu machen. Das kann ich natürlich erst jetzt, mit dem Abstand von über zwei Jahren sagen. Wir hatten keine Probleme mit Behörden oder der Beerdigung. Das es leider auch anders geht und Eltern, die auch sehr früh ein Kind verloren haben, um ein Grab, ja sogar darum kämpfen müssen, dass ihr Kind rein formal gelebt hat, ist sehr traurig, aber leider wahr. Diesen Kampf und die Anstrengung, die das mit sich bringt, blieb uns erspart. Ich habe später gelesen, dass der Verlust eines geliebten Menschen auch eine Art Bindungsarbeit ist. Die Person ist physisch nicht mehr da, doch die Verbindung bleibt. Man muss diese Person in anderer Form neu kennenlernen. Als wir erfahren haben, dass meine Frau schwanger ist, unser Sohn also begann in ihr heran zu wachsen, habe ich begonnen meine

Abschlussarbeit zu schreiben. Ich hatte ein Thema, doch dann war ich mir unsicher. Und irgendwann kam ich auf das Thema: „Beziehungs- und Bindungsarbeit im Kleinkindalter". Ich beschäftigte mich in der Folge also mit Bindungen. Und mittlerweile weiß ich, dass sie Vorgeburtlich beginnen und über den Tod hinaus gehen. Vielleicht wollte mich irgendwer schon darauf vorbereiten, was da noch kam. Und mittlerweile glaube ich nicht mehr an Zufälle. Das ist nur ein Beispiel dafür wie sich mit der Zeit alles zusammenfügte. Obwohl unser Sohn jetzt in einer anderen Welt ist, nimmt er auch seinen Platz in dieser Welt ein. Er war nie bei uns zuhause. Er lag nie in seinem Bett. An seinen ersten zwei „großen" Festen, Weihnachten und Silvester, war er noch im Bauch meiner Frau. Die zwei Tage, die er nach seiner Geburt hatte, hat er im Krankenhaus verbracht. Überall wo wir hingehen, dort wo er nie war, ist er bei uns. Er fehlt uns an jedem Tag und ich hoffe, das wird sich nie ändern.

***Samstag, 14. September 2019***

*Gestern konnte ich zum ersten Mal ein neues Gefühl zulassen. Ich war sauer auf dich. Ja, ich war wirklich sauer auf dich. Sauer auf seine Kinder sein. Das konnte ich mir nie vorstellen und es liegt wahrscheinlich auch nur an unserer speziellen Situation. Doch gestern war ich sauer. Denkst du wirklich wir können das tragen? Unser Leben lang? Du bist einfach gegangen, ohne es mit uns ab zu sprechen. Und wenn du dich geirrt hast und ich das nicht tragen kann? Gestern hat mich das wütend gemacht. Nur kurz und es ist heute schon wieder vorüber. Und der Witz an der ganzen Sache ist folgender: Ich glaube dieses Gefühl zeigt wie gut ich mittlerweile damit klar komme, dass du gegangen bist. Ich glaube ich habe dieses Gefühl lange verdrängt. Ich kann doch nicht sauer auf meinen toten Sohn sein. Doch jetzt habe ich es geschafft. Dieses Gefühl war sehr intensiv.*

*Danke, dass du deinen Weg mit uns geteilt hast. Vince, es geht mir gut. Ja, ich vermisse dich. Ja, wenn ich sehe wie die ganze Familie mit deiner Schwester umgeht. Wie viel Liebe da ist, dann vermisse ich dich besonders. Diese kurzen schweren Momente tragen eine unglaubliche Nähe zu dir in sich. Ich liebe dich mein Sohn. Bis wir uns wieder sehen wirst du trotzdem immer bei mir sein.*

Ich habe lange überlegt wie das Ende dieses Buches aussehen könnte. Vielleicht mit einem besonderen Brief an meinen Sohn. Als ich so meine Notizen durchblätterte bin ich auf ein Gedicht gestoßen. Ein Gedicht, dass ich knapp ein Jahr nach dem Tod unseres Sohnes geschrieben habe. Und ich finde, es passt sehr gut.

### *Du bist Liebe*

*Du bist Liebe.*

*In meinem Verlust steckt deine Liebe.*

*In meinem Schmerz steckt deine Liebe.*

*In meiner Trauer steckt deine Liebe.*

*In meinen Tränen fließt deine Liebe.*

*Alles was du warst,*

*was du bist ,*

*und alles was du immer sein wirst,*

*ist Liebe.*

*Du bist Liebe.*

# **Nachwort**

## **"Mein Ort"**

*Und plötzlich ist es dunkel. Ich habe gar nicht gemerkt wie die Sonne untergegangen ist. Und auf einmal ist dieser wunderschöne Ort nicht mehr da. Diese tollen Blumen, diese Gerüche. Diese sanfte Brise des Windes, die vom Meer her leicht über meine Haut streichelte. Dieser Wind, der die Sonne so angenehm machte. Als würden die beiden sich perfekt ergänzen. Nichts ist mehr von diesem Ort übrig, jetzt wo die Nacht herein gebrochen ist. Sie hat sich leise angekündigt und doch nie persönlich bei mir vorgestellt. Und jetzt ist sie einfach da. Sie macht mir Angst. Sie hat mir die Orientierung geraubt. Vielleicht gar nicht mit Absicht oder mit bösem Willen. Vielleicht einfach, weil es ihre Art ist. Ich mag sie nicht. Noch nicht jetzt. Aber vielleicht, weil wir uns auch nicht bekannt gemacht haben. Will ich sie kennen? Das, was vorher war, gefällt mir besser. Oh, dieser wunderschöne Ort. Mit all seinen Farben. Ich vermisse ihn. Ich wollte an diesem Ort verweilen. Doch jetzt, wo die Nacht hereingebrochen ist, überlege ich, weiter zu gehen. Orientierungslos einfach weiter gehen. Ich brauche einen Plan. Ich setze mich auf den Boden. Er ist kalt, fühlt sich kahl an. Ein lebloses Stück Erde. Vielleicht doch sitzen bleiben und auf die Sonne warten? Doch was, wenn sie nicht mehr wieder kommt? Ich habe gesehen wie sie weitergezogen ist. Und sie hat nicht gesagt, dass sie wieder kommt. Ich kann hier nicht verweilen. Ich muss weiter. Orientierungslos auf allen Vieren taste ich mich langsam vorwärts. Der Boden ist kalt und an einigen Stellen feucht. Feucht von Tränen. Tränen von Menschen, die vor mir auch schon hier waren. Ich spüre ihre Fußabdrücke. Schaue ich lange genug in die Dunkelheit erkenne ich in der Ferne graue Umrisse von Häusern. Häuser von Menschen, die sich hier, in dieser Dunkelheit, niedergelassen haben. Ich kann ihr Schluchzen und Weinen hören. Sie trauern. Ich will mich hier nicht nieder lassen. Es ist so kalt. Es ist so bitterlich kalt – Ich lege mich hin und sterbe – Ich versuche zu sterben – Mein Körper will noch nicht sterben. Ich richte mich auf. Meine Beine wollen gehen. Es ist so kalt. Mein Körper ist taub. Ich fühle nichts mehr. Ich schaue in die Nacht. Sie ist so dunkel. Ein Nichts. Ich starre ins Nichts – Ein kleines Leuchten. In der Ferne. Ich brauche lange um zu merken, dass es ein Stern ist. Vor lauter Dunkelheit erahne ich nicht wo oben und unten ist. Doch auf einmal ist es klar. Ein Stern. Ein heller, leuchtender Stern. Alleine. So wie ich. Er ist alleine. Meine Beine finden ihre Kraft. Sie wollen laufen. Und jetzt laufen sie. Ich muss zu ihm. Zu diesem Stern. Ich laufe. Ich spüre Kies. Ich spüre Steine. Ich spüre Äste. Ich laufe. Immer meinem Stern entgegen. Ich lebe wieder. Mein Stern lässt mich leben. Und dann – Wolken – Ich sehe Wolken. Wie sie sich neben meinem Stern winden. Wie sie sich scheinbar neben ihm zur Ruhe betten. Wie sie sich langsam vor ihn schieben. Ohne mich zu fragen. Ich bleibe stehen. Wie erstarrt. Und nun? Wo lang? Wohin? Ich sinke zu Boden. Ich vermisse meinen Ort. Mein Ort voll Wärme, voll Glück, voll Liebe. Nie habe ich mehr gespürt wie viel mir dieser Ort bedeutet. Er kommt nie wieder. Ich will sterben – Es beginnt zu regnen. Die Tropfen prasseln sanft auf mein Gesicht nieder. Es ist mir egal. Ich höre ein Rauschen. Ist das das Ende? Ich schließe die Augen. Eine Sekunde. Eine Stunde. Ein Jahr. Ich weiß es nicht. Der Regen hat aufgehört. Ich öffne die Augen. Am Horizont ein schmaler Sonnenstreifen. Vor mir das Meer. Über mir mein Stern. Träume ich? Wache ich? Sterbe ich? Es ist egal. Ich bin hier, an diesem wunderschönen Ort.*